真诚是滋润心灵的雨露

语文精品集萃丛书·真诚的美好系列

《语文报》编写组 选编

时代文艺出版社

图书在版编目（CIP）数据

真诚是滋润心灵的雨露 /《语文报》编写组选编.
-- 长春：时代文艺出版社，2021.6
（青春美文精品集萃丛书. 真诚的美好系列）
ISBN 978-7-5387-6802-2

Ⅰ.①真… Ⅱ.①语… Ⅲ.①作文－中小学－选集
Ⅳ.①H194.5

中国版本图书馆CIP数据核字(2021)第103477号

真诚是滋润心灵的雨露
ZHENCHENG SHI ZIRUN XINLING DE YULU

《语文报》编写组　选编

出品人	陈　琛
责任编辑	陈　阳
助理编辑	胡　军
装帧设计	陈　阳
排版制作	隋淑凤

出版发行	时代文艺出版社
地　址	长春市福祉大路5788号　龙腾国际大厦A座15层　（130118）
电　话	0431-81629751（总编办）　　0431-81629755（发行部）
网　址	weibo.com/tlapress（官方微博）　sdwycbsgf.tmall.com（天猫旗舰店）
开　本	880mm×1230mm　1/32
字　数	135千字
印　张	7
印　刷	三河市嵩川印刷有限公司
版　次	2021年6月第1版
印　次	2021年6月第1次印刷
定　价	36.00元

图书如有印装错误　请寄回印厂调换

编 委 会

主　　编：刘应伦

编　　委：刘应伦　赵　静　李音霞
　　　　　郭　斐　刘瑞霞　王素红
　　　　　金星闪　周　起　华晓隽
　　　　　何发祥　朱晓东　陈　颖
　　　　　段岩霞　刘学强

本册主编：曾艳娟　吴健勇

Contents 目 录

一路成长一路歌

一路成长一路歌 / 徐小加 002
至真至净的教育 / 温佳雯 005
阿婆·不倒翁 / 刘李沁 008
父爱如山 / 苏 畅 010
密"友" / 李欣然 013
身边的人 / 黄 叶 015
我的同桌 / 林舒婷 017
我的收藏 / 张 睿 019
我的乐趣 / 张 欣 021
我们班的"人气王" / 林嘉欣 024
趣事 / 赵国烨 026
奇特的经历 / 李文彬 028
刻在心中的那些事 / 胡多加 030
我的"诡计" / 邱 俊 033

真诚是滋润心灵的雨露

月光下的交谈

威武"女汉子" / 汪聿希 038
情感丰富的我 / 高旻捷 040
好想象的小女生 / 严　捷 042
"奥数"大拿 / 张书宇 044
回响在耳边的情感 / 刘天天 046
月光下的交谈 / 赵　帅 049
外公的小盒子 / 陈从赠 052
收藏诚信 / 郑腾飞 054
蓝印花色 / 夏晶晶 056
今天真好 / 王妍瑄 059
清明，雨下 / 张　畅 061
爱如春雨 / 俞　倩 063
隔绝人世的爱 / 李强锋 065
最让我感动的人 / 赖心旖 067
我心中的岁月流年 / 张婧宇 070
烦恼的雨 / 吴诗怡 072

等　待

等待 / 林舒婷 076
包汤圆 / 罗钰婵 078

在这不寻常的春天里 / 谢一一 080
梳子与剪刀 / 郑东磊 082
母爱引领我成长 / 陈智歆 084
射入心底的阳光 / 姚云琴 087
成长路上的欢喜 / 陈 辰 089
目标引领我成长 / 缪斯林 091
轻轻牵着我的手 / 黄 颖 093
书籍给我一双慧眼 / 宋成吉 096
母爱拼盘 / 胡欣婕 099
盼春 / 张婧宇 102
合作——通往成功的桥梁 / 郑伟斌 104
昙花 / 蒋 悦 106
篮球考试 / 吴诗怡 108
墨香如茶 / 邱雨璇 111

今夜我想说说心里话

冬天之美 / 林静雯 114
今夜我想说说心里话 / 王妍瑄 116
借我一双慧眼 / 樊可进 118
那一次,我读懂了信念 / 黄桢翔 121
天使的琴声 / 李馨怡 123
自然引领我成长 / 叶逸文 126
猫 / 黄跃强 128

真诚是滋润心灵的雨露

我家宠物的故事 / 林越 130
最单纯的时光 / 叶倩 132
最快乐的时光 / 曹钰 135
最漫长的时光 / 杨玉顺 138
最喧闹的时光 / 郭婉婷 141
做个完美的人 / 张书宇 144
真想做个平凡的人 / 陈智璐 147
我有一个梦 / 艾泽凯 150
发现生活之美 / 钱熙 153
我和爷爷的趣事 / 林梓龙 156
潮水引领我成长 / 蔡文婧 158
小事不小 / 雷鑫 160
捡回责任心 / 庄杰靖 162

他深深地留在我的记忆中

他深深地留在我的记忆中 / 樊可进 166
我们班的大侠 / 傅毅航 169
个色同窗 / 潘姝杰 172
"松果体"的传说 / 丁亦可 176
军训，一道多滋美味的菜 / 康艺菲 180
成长路上，阅读相伴 / 庄步凡 183
冬至缘 / 李诗音 185
家族法院 / 张浩然 187

我家的趣事 / 庄梓悦 189
那一刻，我看见生命化蛹成蝶 / 张舒倩 192
错 / 尤祖尧 194
在奉献中成长 / 徐繁星 196
在爱中成长 / 张芷洁 198
在浴室的雾气中成长 / 庄春蓉 201
在四季轮回中成长 / 苏 悦 204
在倔强中成长 / 陈科伊 207
在庇护中成长 / 邱渝童 210
品味大草原 / 德吉拉姆 212

一路成长一路歌

一路成长一路歌

徐小加

他，充满活力，在球场上、学习中、生活中自由自在地"飞"来"飞"去……

——题记

球场上，矫健如"飞"

"加油，加油……"在一片激动人心的声浪中，在早已被人山人海包围的球场上，一个身影正如闪电般疾驰飞奔，气势如虹，锐不可当：若赤色长枪，直击敌人要害，如红色狂飙，瞬间席卷赛场。抢球迅如闪电，运球快如疾风；带球、突破，干净利索；腾空、上篮，潇洒自如！只见空中画出一道优美的弧线，球进了！伴随着一片激动兴奋的欢呼声，他被同学们抛上了高空……球场上，他矫健如"飞"。

学习中,迅猛如"飞"

"这道题的解法应该是这样……""不对!应该是……""错了吧?"注意,这可不是一般的唇枪舌剑,而是热火朝天的数学舌战!"是你看错了吧?""不对啊,这……"正当大家争论得面红耳赤,口干舌燥,仍一筹莫展时,"救世主"翩翩降临,一语道破天机,瞬间解开难题,随后翩然而去,只留下一个潇洒的背影……"哇,不愧是飞哥!""数学十二门徒"不由自主地感叹佩服,我们这位"飞哥"正如一只雄鹰翱翔于数学的天空,不,应该是学习的广阔天空,在各科"云层"间自由穿梭,创造着各种令人惊叹的优异成绩。学习中,他迅猛如"飞"。

生活中,活跃如"飞"

"你还敢跑吗?""哇啊,疼啊!"放心,这绝不是打架,而是男孩儿们正在嬉戏,这早就成了我们班课间雷打不动的精彩"闹剧"。"哈哈哈哈",一阵如雷贯耳的笑声,瞬间将人惊醒。笑者是谁?只见一串"哈",正秩序井然地从那张似乎装了一条特大号YKK拉链、永远也拢不上的巨嘴中的两颗大牙间蹦出,真是历历在目,鼻子也不安分,不,伴随着"哈"声,连他那张脸上的两根又粗又短的眉毛也快掉下来了,可他却毫不在意,仍和同学们欢快地"玩耍",时不时地送出一个热情的拥抱,把一个"倒霉蛋"撂倒……真够活泼可爱的!课堂上,除了踊跃发言外,他还经常同"小杰子"一起时不时唱双簧,让我们笑破肚皮,那"哈哈"的大笑声引得老师也不由自主地笑起来……生活中,他活跃如"飞"。

好了,说了这么多事,带着这么多"飞",大家还不明白他是谁吗?他就是——大名鼎鼎、到处乱飞的"飞哥",自动"投球机"+全能"学科王"+课堂小调皮郑腾飞。

至真至净的教育

温佳雯

亘古至今，变换的是沧海桑田，不变的是你存在于无形之中的教育。

时至今日，还常常忆起小时候爱听爷爷和爸爸的墙根。爸爸每从外地回来一次，就要挨一次爷爷的骂。一直觉得爷爷高深莫测，连个骂人都可以把我弄得云里雾里的，先从爸爸的饮食习惯骂起，而后又可联系到社会，接着再从社会转为国家，绕了一圈后，不明白实情的人还会以为爸爸犯了多大的错误，其实不过是专吃爱吃的，好多菜碰都没碰而已。见到爷爷的"神功"后，我吃饭再也不敢挑食了。现今，才发现爷爷的"神功"竟可教育两代人。

又长大了些时，爱上了画画，爷爷得知，开怀大笑，把我带到书房，桌上已摆好宣纸、毛竹、墨等。拿起毛笔蘸了足够的墨后，提笔在宣纸右上角重点了一下，好似在酝酿什么，不待我反应过来，他已勾勒出一个乡间小村的轮廓。他时而细笔描绘，使茅草屋顶上杂乱交错的茅草都清清楚楚地呈现出来，他时而挥笔速画，远山静水等景物缥缈至极，真有几分乡间傍晚时的安然之景。一个多小时看得我目瞪口呆，简直不敢相信这位便是我爷爷。可惜，看归看，画归画，学了几天后不但没有效果，反而越来越糟，害怕再学下去的时候，爷爷只说："罢了，罢了，你不适合这个。"现今，才发现爷爷不仅善解人意，还教会了我应该学会选择适合自己的正确的人生道路。

前年的春节快要结束的时候，爷爷逃过了众多亲人的耳目，带着我和表妹来到了沙县游玩。后面玩尽兴，要坐公交车回家时，有一位年轻人上了车，结果掏钱掏了半天没掏到，眼见爷爷拿出车票钱，想必是要给那年轻人的，却始终不见爷爷递给他。正纳闷时，那年轻人先是干着急，而后又求司机等会儿再开，旁边的一位大叔不耐烦地喊道："开不开呀？"年轻人窘迫地看了他一眼，无奈转身时爷爷递出了钱说帮那位年轻人付了……回到家后，爷爷看着我不解的眼神时轻笑了出来："若是早帮那孩子付了钱，那他也只有侥幸心理而已，若在他觉得希望快破灭时给他，他已尝到了这窘迫的滋味，既可意识到自己的错误又可意识到他人的帮助，对于一个处于困境之中的人来说，也可有助于他的将来啊。"我恍然大悟，终于明白了爷爷的用意。现今，才发现我的爷爷竟是这么一位看事透彻，尽自己最大努力帮助他人的人。

爷爷在无形之中给我上了一节又一节的人生课，以平等之心对待大事小情，不要被表面所迷惑，要学会看事物的本质，注意每一个细节，用宽和的方式纠正自己和别人的错误。这便是爷爷对我的至真至净的教育。

阿婆·不倒翁

刘李沁

我的书桌上放着一个不倒翁。每当看见它时,我就会想起那位把不倒翁送给我的老阿婆。

阿婆生得黄胖而矮,被岁月染得满头银白。按理说,这么大年纪的人应该是走路蹒跚的,而老阿婆却精神抖擞,走路的速度甚至比有些年轻人还要快。阿婆一天到晚都是乐呵呵的。她一笑,皱纹就爬满了她的脸,好似迎风怒放的梅花,又能给人和蔼可亲之感。

小时候,阿婆住在我家对面,所以每当我趴在窗台上时,总能一眼就望见她家的阳台。有一天,我坐在窗台前,观赏着远处的山、近处的房子。忽然,天下小雨了,年幼的我顿时雀跃无比。"下雨啦!快收被子!"忽然,我耳边传来一阵大呼声。循声望去,只见阿婆边收被子边仰头大声提醒别人,俨然像一个"高音喇叭",周围住户听见了，也纷纷走出阳台收衣袜，又似乎受到了阿婆的影响，都大呼"下雨啦！收被子啦"！没过多久，对面的住户全都在边收被子边大声提醒周围的人，那样子，真是壮观！小小的我不禁惊讶万分，也觉得阿婆确有"伟大的神力"了！从此，我对阿婆就更尊敬，也更亲热了！

还有一次，我获得了年段作文竞赛一等奖，这事不知怎么传到了阿婆耳中，她高兴地抚摸着我的脑袋："丫头，干得不错，这个，是奖励——"说着，她摊开了手，手上放着一个摇来摇去的不倒翁。我很是兴奋，不知要把不倒翁放到哪里才好。阿婆什么都没说，只是一个劲地叫我要继续努力。

没过多久，阿婆随儿子到外地安享晚年了。妈妈告诉我，阿婆其实很不容易的。她早年丧偶，独自一人把儿子拉扯大。由于没文化，找工作很难，又容易被别人欺负。但是，阿婆靠自己的乐观、热心，终于得到周围人的尊重。听着妈妈的话，我不由得又看了看那个不倒翁。我突然发现，不倒翁竟然跟阿婆有惊人的相似！不倒翁始终微笑着，不管你怎么摇它，它都不会倒下去，而脸上一直挂着微笑！这就是阿婆传授给我的道理吗？我的鼻子发酸，对阿婆的离去有了依依不舍的伤感。

清风微动，桌子上的不倒翁又开始摇来摆去了。可是不管它怎样摇摆，脸上始终都挂着笑容。恍惚间，我仿佛又看见阿婆那布满皱纹的笑颜，那淳朴温暖而又坚定乐观的笑颜！

父爱如山

苏 畅

父爱如山,往往深沉严格。小时候,坐在父亲的肩膀上,仿佛坐在大山上。哦!父亲是我永远的山。

珠穆朗玛峰——严肃,敬畏

父亲像世界第一高峰——珠穆朗玛峰,高大、严肃,让人感到敬畏。有一次,我上课不认真,被老师告了状,回到家,父亲的脸阴沉沉的,之后,就把我狠狠地"教育"了一番。那时我感到他很"讨厌",很"凶暴",又很严肃,像个失去笑容的老人,让人感到害怕。

麒麟山——平凡，伟大

父亲是个平凡的人，却给了我不平凡的爱，像麒麟山一样，默默地，带给人快乐，让人感到它是伟大的。以前，我总是做作业不认真，爸爸知道后，每天看着我写作业，写完一项，给他检查一项。夏夜里，他总是拿着把蒲葵扇，为我驱蚊，给我送来凉爽。他不是个很有文化的人，但他给我的爱，让我感到，他，是伟大的。

不知名的山——落伍

渐渐的，父亲跟不上潮流，像不知名的山一样，落伍了。他不知道最近流行什么，而是按照以前的观点，来评判我的头发、衣着，有时还有点儿封建……

父亲是挫折中的阵阵清风，彷徨伤心时，为你拭去焦躁的汗水，梳理好零乱的思绪。爸，还记得吗？语文向来是我的强项，有一次才考69分，回到家，您马上看出了我的不对劲，问我发生了什么？我支支吾吾地说出了考试成绩，您听后，并没有责骂我，而是像一位智者，告诉我生活难免有挫折发生，必须坦然面对，下次再努力，而不是遇到一点儿困难就灰心丧气。听了您的话，我会心地笑了。爸爸，您能为我撑起一片希望的晴空。

我的父亲，他虽然平凡，但却给了我不平凡的爱；他虽然严肃，但他会告诉我非比寻常的人生道理。父爱如山，这样的山，我会靠着，靠着，再靠着……

密 "友"

李欣然

从小我们长得就不一样,如果不是穿着一模一样的衣服,别人很难会想到我们是双胞胎。

都说双胞胎很难分辨哪个是姐姐,哪个是妹妹。但我们正好相反,大人们一见到我们便记住了,一个长得像妈妈,一个长得像爸爸,正好扯平了。但我们不止相貌的不同,连性格也完全不一样。都说同住一个屋檐下的人会越来越像,但经过这么多年的相处,我们真是一点儿都找不着边。

从小时候到现在,我的胆子就特小,而妹妹的胆子却出奇的大。小时候,家楼道里的灯年久失修坏了,在乌漆麻黑的楼道里,妹妹就拉着我的手,自己走在前面。每当在家里碰到蟑螂,我都会发出惊悚的尖叫声,这时候,妹妹就会拿着拖鞋跑过来大声呵斥:"蟑螂在哪里?"然后毫不犹豫"啪"的一声把它拍掉。

妹妹在生活中的点点滴滴无不表现出她的大胆,让我记忆最深的是那次爬房梁的事。

小时候淘气,一次在天台玩,一不小心,把书扔到天台的雨披上了。我急得不知怎么办才好,妹妹看到我急得快哭出来,竟不顾危险,跨出栏杆,小心翼翼地一步一步探着脚步,走在支撑雨披的钢铁上。要知道,那可是七层的天台。妹妹每走一步,我都吓得心惊胆战。看着她慢慢挪过去,轻轻把书拿起来,再慢慢挪回来。待她安全着陆后,我才长长地舒了一口气。而她此时已经面色苍白,汗水大颗大颗地挂在脸上,有个妹妹真好。

或许,我们不是最好的朋友,但确实是最好的"友"。妹妹,一个需要我的照顾,又为我付出的"友"。

身边的人

黄 叶

身边来来往往的人数不胜数，唯独你，既是朋友，又是敌人。

你是一个"虚伪"的人。你，总能轻易激起我心中的怒火与斗志。每当小测、考试过后，我总是问你答案，了解你的错误是否很多，是否和我一样。你总是笑说自己发挥不好，这个不会那个不懂。我可不会有半点儿"同情心"，心里暗自窃喜自己的"聪明"。考试，小测本发下来时，我不忘注意你的成绩，想着好好"奚落"你，可是你每次都会让我失望，像泄气的气球看着你皱着眉头订正并反思自己的错误。你总是说自己的不足，能够更好却没法做到。起初，我认为你很虚伪，明明做得够好了，还这么说。事实上，我发现我错了。你一直在反思提醒自己，才做得越来越好，也越来越不满足现状。我开始重新认识你。

你是一个细心的人。只要我向你伸出"乞讨"的双手,你就会给予我需要的,甚至更多。我并没有告诉你我的想法,你却可以快速地应和我,告诉我这一想法是否正确。季节交替时,感冒随之而来,你总是适时在书包里放上许多纸巾,慷慨大方地给周围需要的人,打趣地说我们体质太弱了。而你不知道,感冒时"免费"又繁多的纸巾里包含着细心、温暖,让我们原本的不适全都不翼而飞。

你是一个不计较的人,从你那儿借的一支笔,可以安静地在我的笔袋中存放几个星期。归还给你时你早已忘记笔的存在,笑着问:"这是我的吗?"同学打架时打翻你的桌子,书包里的书本散落一地,你若无其事地拾起,收拾完自己的"残局"还不忘帮助其他同学拾起丢得到处的笔。这是你的缺点吗?你觉得是,可我不认为。

从你的身上学到太多了。这些是朋友应该给的,还是敌人呢?没有你我可能不会明白那么多。

你是我的"绊脚石",挡在我的前面,永远无法超越。你又是我的"垫脚石",让我成长。谢谢你,我的敌人朋友。

我 的 同 桌

林舒婷

同桌是个高高胖胖的男孩儿,平时说话惜字如金,与人交谈时更总是沉默寡语。

还记得上次的三分钟演讲,他提着肥胖的身子上了讲台桌,颤抖着手指开始演讲。大家都为他的勇气而震撼,却也都并不怎么看好他。只因为他的声音实在太小了,就像蚊子似的,只能隐隐约约听见几个字——"生活从明天开始"。那大概是向我们推荐的书吧,可关于他叙述与议论的其他,我一个字也没听到,身边的同学也时不时说上一句:"他在讲些什么?怎么一个字都听不到。"可尽管如此,他还是有惊无险地完成了演讲。当他下台时,班级立即响起了雷鸣般的掌声。不是因为他的演讲有多精彩,而是大家对他超越自我的肯定。

在同学的鼓励与建议环节,听着老师与同学的点评,我能清楚地感觉到他的紧张。毕竟当着全班同学的面演讲还是太难为他了。记得随后语文老师说了句："如果大家想对这本书有更多的了解，可以下课多去向他探讨一下。"而身边的他立即说了句："不要哇。"声音一如既往的小，但我却听得很清楚。唉，刚还为他能跨出那一小步而震撼，怎么一句"不要哇"，又像是退了回来。

　　和他做同桌的时间并不长，却忍不住要为他的不善言谈、憨厚老实点赞。他就像一点儿小心眼也不会耍似的，比起班级那些猴精似的皮男孩儿，他的存在着实难能可贵。

　　未来的日子，我希望能看到他迈出的每一步，而不是总是把自己关在自己的世界里。因为我相信，当他迈出了那几步，回望来路，当下的收获一定会让他明白：没有人是一座孤岛，只要努力划行友谊的船只，那么朋友与其他一切的一切，都会在不远的彼岸。

我的收藏

张 睿

时间一点一滴流逝，我们的年龄从小到大，个子从矮到高，思想从幼稚到成熟。在这之间，经历了许许多多故事，它们如流水般一不小心便从指尖溜走。这时，我们需要用记忆把它们收藏。

粮票，对于我们来说，是有趣的收藏品，而对于我们的爷爷奶奶来说，却是一个时代的记忆。爷爷八十大寿那天，我亲眼见他将一叠厚厚的花花绿绿的纸张递给了爸爸。爷爷絮絮叨叨地对爸爸说了很多话，而爸爸则凝视着那一叠纸张，久久不曾开口。我在一旁静静地注视着这一幕，好奇心驱使我想看清楚那叠纸张，而理智却告诉我不能打扰他们。

那天晚上，我如愿以偿地见到了那叠纸张的庐山真面目——粮票。妈妈告诉我，在他们小时候，吃穿用度什么都要用票换,买衣服要用布票,吃大米要用粮票。我翻看着那叠粮票,发现其中还夹杂着一些豆副食品票,有意思极了。每张票都写着它们可兑换的公斤数,我数了数,竟然有一百来斤。这时,爸爸脸上露出一种很奇怪的笑,他说:"当时我都快饿死了,他竟然还有一百多斤的粮票。"很久以后我才知道,这是苦笑,透露出一股深深的无奈。

爸爸很小时,我的奶奶就去世了。爷爷独自一人拉扯爸爸长大,对他要求很严格。爷爷省吃俭用,只为给爸爸更好的明天。好不容易节俭下来一百多斤粮票,等到的却是取消粮票使用的消息。爸爸十八岁踏上工作岗位,一个月的工资在当时算较高的。就在我们家的日子开始奔小康时,爸爸,却下岗了。然而爸爸却并没有自暴自弃,而是利用以前在工作时建立起的人脉,一步一个脚印,闯出了自己的天地。

爷爷与爸爸都是在逆境中成长的人,他们没有怨天尤人,而是坚强地探索,找到属于自己的幸福。那叠粮票至今还锁在我的抽屉里,它们见证了那个时代的汗水与辛酸,也教会了我努力与拼搏。它们是我成长中最珍贵的收藏。

我 的 乐 趣

张 欣

走进房间，随之弥漫在屋里的是那如潺潺流水般清脆悠远的风铃声。戛然止步，蓦然回首，悄然抬头，淡然凝视。思绪促使着回忆宛若上了发条的八音盒，在脑海里旋转，播放。

自有记忆起，那个风铃便挂在我的房门上。据说，这个风铃是在我出生那一天买的，和我的年龄一样大了，它将一直陪着我长大，从前如此，现在如此，将来依旧如此。所以，童年时期的我喜欢那个风铃胜于一切玩具。

那只是一个普普通通的金属质地的风铃。宝石蓝的顶座，象牙白的垂帘，宝石蓝的吊坠，象牙白的吊环，以及中间蓝白相间的音管——看起来平平无奇。但细看，就能发现其表面覆盖着的颇具古韵的不知名的花纹，如行云流水般灵动，似甘露和风般优雅。倒是使那风铃少了一分单调，多了一分精致。

小时候，妈妈曾说过，不仅人有年龄，树木也是有年龄的，树干截面上有着一圈圈大大小小的年轮，树每长大一岁，年轮就会多一圈。于是，幼时天真稚气的我常常仰起脑袋，凝望着风铃上的一道道纹路，畅想着那花纹是不是也随着我的成长而渐增，是不是也记录着属于我的一点一滴呢？

由于年幼，以我当时的身高，哪怕能"一蹦三尺"，也仍难以触碰到悬挂于高高房门上那心爱的风铃。于是，印象里最深的一幅场景，便是妈妈抱着我，而我拨弄着风铃，听着那动人心弦的细碎铃响，随之一同开心地笑——那段日子，是我最无忧无虑的时光。

流年似水，时光如箭。转眼间，几度春去秋来的轮回使我的身高在不知不觉中，早已能触及曾经遥不可及的风铃了。风铃依旧挂在门上，依旧是那不变的宝石蓝与象牙白，依旧时而发出几声幽幽的铃响，依旧是那金属质地特有的清脆。它没有变，而我却已长大，不复当年的天真与稚气，不再是当年有着天马行空幻想的无知小童。再动听的风铃声，也会被沉重的学业压着。风铃响着，倾听的人却没有了品味的心情。

又一次走入房间，匆匆的步伐使我无意中蹭到了头顶的风铃，略显突兀的风铃声使我晃过神来。终于，又想起了它的存在，久违的熟悉感勾起了心中尘封多年的对它的喜爱之情。轻抚着许久未动的风铃，聆听着那丝毫未变的动人铃响，思绪又回到了从前。小小风铃，承载着我的童年。

从那以后，我把风铃作为我最珍爱的收藏。走进房间，随之弥漫在屋里的是那如潺潺流水般清脆悠远的风铃声。戛然止步，蓦然回首，悄然抬头，淡然凝视。风铃声久久回荡，轻触回忆，漾起几抹涟漪。

我们班的"人气王"

林嘉欣

一头清爽的短发，一双小小的眼睛，外加一张总是笑嘻嘻的嘴巴。这样平凡的她，却是我们班级最受欢迎、男女通吃的"人气王"。

她就是我们的班长。

说她是"人气王"并不是因为她长得有多好看，而是她有着开朗的性格和温暖人心的笑容。

每次见到班长，她总是在笑。我们不知道她在笑什么，但是看着她的笑脸，心也莫名地温暖起来，所有不快乐也似乎一并消散了。那瘦弱的身体，笑得合不拢的嘴巴早已成为她的标志。当看到那道嘴边含笑的身影，同学们总会若有所思地点点头——哦，原来是班长大人呀！

作为班长，她没有丝毫的架子。

学习上，她成绩优秀，勤学好问，梳理的笔记让人一目了然。班级管理上,她管理得井井有条,不给老师增加负担。作为老师的好助手,她总是把自己应尽的职责做到一丝不苟。她做事时那认真的表情,课下玩耍时张开嘴巴大笑的表情,取得好成绩时没有一丝骄傲的表情……都给我留下了深刻的印象。

作为班长,她担负的责任很重,却没有怨言。

记得有一次,我们班的两个男生大概觉得学校生活很无趣,下课就开始推来推去,并把这当成是一种好玩的游戏。他们推来推去的举动也引来了众多同学的围观,可是却不知道怎么回事他们从推挤变成了打架。我们的班长大人一看到,急急忙忙跑去劝架。

"别打了,别打了,有什么事情好好说呀!"她富有穿透力的声音响起,可那已经完全沉迷于打架"乐趣"中的两人却置之不理,甚至还波及我们可怜的班长。两人就像发狂的野兽,而班长像是要拯救他们的小羊,没有什么力气,却依旧奋勇向前。

最后,两个打架的人终于停手了,班长却也筋疲力尽。可她还是依旧摆出一副笑脸,好像什么都没有做似的。

这样的班长,这样笑哈哈的班长、没有丝毫架子的班长、以诚待人的班长,是我们的好榜样,她是当之无愧的"人气王"!

趣　事

赵国烨

人生，谁一路走来都沐浴在鲜花掌声中？谁未曾因自己的鲁莽在众人面前无地自容？我是一个凡人，当然也有出丑的时候。

每周三上午第三节课是英语课，老师总会用小测的方式来评定我们一天对所学知识的吸收情况。在一个星期三的下午，几个同学被传唤去办公室，老师看着那几个空空如也的座位，等待良久，见他们还不回来，决定先给我们小测。

小测过后，老师让我们做各自的作业，须臾，那几个同学回来了，教师单独对他们进行了第二轮的小测。在奋笔疾书中，我听见了英语老师的声音"No.1"，紧接着她念了第一个单词，几乎是在同一时间，早已把单词背得滚瓜烂熟的我从心底发出汉文英译的声音，随即这个声音情不自禁地传出了我的口腔——

霎时间，同学们愣住了，纷纷向我掷来狐疑的目光，教师诧异的目光也穿插进这整齐划一的"注目礼"中，我似乎也注意到了什么，停下了手中的笔，而当我望向周围时，那片刻的安静止住了，取而代之的是哄笑声炸乱了课堂。原来属于课堂的肃静被我这位"翻译官"给打乱了，可以想象当时我有多么尴尬！我被这笑声击打得面红耳赤，我真想当这一切没有发生过，可同学们明朗的笑声不断地提醒我——这一回，我彻底出丑了！

在这之后的一段时间里，我成了大家的笑柄，我虽无地自容，但同学们的笑声却成了我一而再、再而三提醒自己的动力，使我也从中明白：出过的丑是无法改变的，我们所能做的就是让自己不再出同样的丑。

糗事是我们每个人的财富，它的出现让人生更加真实，也让我们明白——自己并不完美！

对糗事的不同态度决定了我们不同的人生。我们必须认识到自己并不完美才能不断完善自己，超越自己，而这些都是糗事给予的财富。

奇特的经历

李文彬

说起糗事，那可是黄河流水滔滔不绝。谁没做过一两件犯傻的事；谁没有一时冲昏了头脑出过丑；谁没有尴尬的时候？但这些逝去的，终将成为亲切的怀念！

我参加过学校的踢踏舞团，经过一个多月的训练，即将代表学校参加比赛。比赛那天早晨，老师帮我们化妆，一个个同学都被老师又擦眼影又抹粉底。女生被打扮得美若天仙，就连那些皮肤黝黑的男生们也被抹得十分白皙。轮到我了，老师帮我抹完粉底——突然，冲进来一个男老师，对着化妆老师一阵耳语。说完，化妆老师沉思片刻，叫我去洗脸，重新化妆。

被弄得一头雾水的我，洗净脸后，懵懂地坐在椅子上，等老师化妆。过了一会儿，老师从储藏室里走出来，手里拿着女生的化妆品。我更茫然了，问："老师，这不是女生的化妆品吗？"可没等我反应过来，老师已经在帮我画眼影了。起初，我有过反抗——好歹我也是个男子汉，这是要男扮女装啊！后来，我才从老师口中得知：团里有个女生在排练时扭到了脚，而我们男生又刚好多一个，老师便抓我来当替补——谁让我最后化妆呢！

老师最后帮我涂上口红，换上女装后，走出化妆间，一头撞见我的好哥们。他先是一愣，随后狂笑不止。一边笑，一边还招呼其他人过来看。排练室的走廊里回荡着笑声。我知道我现在很好笑，像个小丑似的，但我知道我肩上的责任有多重——也只有我知道，我必须扮演好这个"女生"的角色。

最后，演出很成功，评委老师说我们队的那个皮肤黑黑的"女生"跳得不错。这时，在后台卸下女装，恢复男儿身的我舒了口气。望着桌上那个金灿灿的奖杯，听着屋檐下燕子轻快的歌声，转头看向老师，我们相视而笑。

刻在心中的那些事

胡多加

还是在活力充沛、年少无知的时候,诞生了许多糗事,像天幕上镶嵌的星星,数也数不过来。其中,有些星星让人难为情,这便是糗事了。糗事虽糗,但也许在时间慢慢推移之后,会发现它暗藏趣味,回忆起来,令人会心一笑。

时间的齿轮往前拨了一拨,回到一年前那个五年级的我。

那天太阳很刺眼,却响起了欢快的放学铃声。我正当值日生,把班级的垃圾倒在紫色的塑料袋里。一提,十分轻盈。于是愉快地拉着好友说说笑笑走向垃圾池。

"紫色"的垃圾袋在我手中一晃、一晃,好似在荡秋千。离垃圾池不远了,好友忽然突发奇想,夺过我手中的垃圾袋,眯着一只眼做瞄准状,边晃手臂边说着:"看我来个百分之百命中。""真是个好主意。"我兴奋地想,于是退在一旁,看她的技法如何。扔垃圾太乏味了,寻些乐趣开心一下倒不错。

垃圾随着她的手在空中划出一道优美的弧线,我正要赞叹她的高超技术时,"咚"的一声,我以为垃圾已进入垃圾池的怀抱,不料垃圾干脆利落地降落在了旁边残疾人厕所的房顶上!它屹立着,还在狡猾地笑着。

晴天里的霹雳就这样降临。好友和我的脸上迅速写满了惊讶,好友刚刚眯成一条缝的眼睛瞪得像个铜铃。"完了!"我们异口同声地叫起来。"被别人发现了怎么办哪?"我急得像热锅上的蚂蚁团团转,好友不住地跺脚,十分懊恼,"希望时光能倒流。"好友喃喃着。忽然,我一个激灵跳起来,说:"教室里不是有长扫把用来扫天花板的吗?""用它来钩!"我激动得有些口齿不清了。

"倒是!"好友拍手叫好,我俩以迅雷不及掩耳之势冲上班级。待我们气喘吁吁到达五层楼上的教室时,眼尖的好友瞅见锁门的同学正从校门出去了!好友忙大声呼唤,可那同学正与别人聊得不亦乐乎呢,踏出校门消失在人海中。我和好友忙向天边祈祷:不要被别人发现了。然后只好"撤退"。

下午早早赶到教室草草值一下日,我就要拿扫把去,这时好友来了,说:"不是有长扫把吗?""太醒目了,被那些大嘴巴男生知道,事情可不好收拾了。老师知道的话,我们情何以堪?""那走吧。"我俩紧拽着手下了楼来,手心溢出了汗。在垃圾池边趁人不注意,我手持扫把拼命地踮起脚尖钩垃圾,却没有感觉到它。"快,就差一点儿。"好友紧张地说。我又试了一次,还是失望而归。我俩苦恼地沉思,我夹着扫把踱来踱去,面色惨白。

这时好友急中生智说:"快站在垃圾池沿壁上,可以钓到。"我欣喜若狂,三步并两步攀上了沿壁,持扫把胡乱一钩,垃圾"嗖"的一声飞进垃圾池。"咚",垃圾落地了。这时我心里的一块石头也落地了。

可是"上山易下山难",我哆哆嗦嗦蹲了下来。"快跳啊。"好友着急了。周围的同学越来越多,他们指指点点,十分诧异。我的心怦怦直跳,像胸口揣着一只小兔,脸羞得通红,心慌意乱,却没有跳下来的勇气。好友见情况不妙,豁出去了一把抱着我安全着陆。周围的人丈二和尚摸不着头脑,就一下散去了。

一口气终于从嘴中呼出了。

为了一袋垃圾,进行了一场冒险,回想起来真的有些诙谐。也许正是因为有糗事,才让我们能长些记性吧。它也是美好记忆的一部分吧。

我的"诡计"

邱 俊

嘭……"啊,疼死我了!"

夜空十分宁静,星星也时常眨着眼睛。我的眼皮不停地跳动,总感觉今天会有倒霉的事情发生。同学很快就要到我家来玩了,我心中暗爽:哈哈,报仇的机会终于来临了,谁叫他上回摔我笔袋来着。我蹑手蹑脚地走到卫生间,见四下无人,拿起一个香皂,弓下腰,把地面擦得"一尘不染"。这里自然而然地成为我家的"禁区"。

我看着辛苦努力的成果,十分期待着同学的到来,不停地念叨着:快来呀,快来呀!

同学如约而至,看着不停暗笑的我,他十分茫然地举起手摸了摸我的额头,看着我,似笑非笑地摇了摇头:"果然是发烧了,这孩子,没得救了!"我听了这句话,刚想奋力反驳,但一想到那光滑滑的"禁区",心底兴奋异常，可不能打草惊蛇呀！我白了他一眼，趾高气扬地说："等等有你好看！"哎呀，刚刚才说不能打草惊蛇，现在却差点儿说漏了嘴，真是个管不住的大嘴巴。还好他并没有警觉。在我家，我们玩得不亦乐乎，这其中，我当然没忘记那特地为他设计的禁区，我不止一次地问过他要不要上厕所，还不停地一杯一杯帮他倒水，弄得他丈二和尚摸不着头脑。

终于，功夫不负有心人。在我的再三催促下，他终于要去上厕所了。他看了看我，一脸茫然，一只脚踏了进去，在我看来，这就如日本鬼子走进了八路军的地雷区一样，一进去便有去无回。我兴致勃勃地准备看一出好戏。可是，悠扬的乐曲响起了，他一个箭步便离开了禁区，冲回书房接手机。这乐曲让我沮丧万分！他在妈妈电话里的催促声中回家了，哎，我的心情一落万丈，本想借机会留住他，让他上一次厕所，可终究未能成功。

吃过晚饭，我拿着换洗衣物准备去洗澡，一直觉得漏了件事情没干——将浴室地板上抹的香皂擦干净。但总想不起来，于是果断忽略了。

将衣服挂在了房间门后，我哼着歌，迈着轻快的步伐向浴室进军。走到浴室门口，我兴奋地冲向淋浴房——洗个热水澡多么舒服呀！冲向淋浴房的路果然是艰辛的，因为，这上面布满了我埋藏的许多"地雷"，我正好自食其果，之后便上演了开头的那一幕。我整个人犹如花样滑冰赛场上的比赛选手,在家中来了个"现场直播",做了一个"优美"的"空中翻转360°",但未能完美落地。在"空中"我终于把那件果然忘记的事情重新想起来了,整个人的脸一刹那成了"囧"字形。而落地的一刹那,哎呀,那疼痛真是无法描述。我的脚和腰都疼痛万分!

没想到,万万没想到!还没洗澡之前,连香皂都自动擦好了,真是人性化自动一条龙浴室服务。

防人之心可以有,害人之心却千万不可以有,否则一定会像我一样自食其果!

月光下的交谈

威武"女汉子"

汪聿希

看,那个女生,高高的个子,"威武"的身材,黑黑的皮肤和一头短发,脸上洋溢着快乐的神情。那就是我,一个满载着希望和理想的女孩儿。

我叫汪聿希,之所以叫"希",是代表爸爸妈妈对我寄托的希望。今年我已经过了十三个"六一"儿童节啦,是个品学兼优的阳光女孩儿。

我是个有个性有主见的女生。我不赞成女生就是天生的弱者。我喜欢黛玉才思敏捷不染风尘的高雅气质,却不喜欢她的弱不禁风,以及多愁善感、心胸狭窄的性格;喜欢武则天有胆有识治国安邦的雄才大略,却不喜欢她心狠手辣残忍无情的手段。我喜欢杨门女将驰骋沙场,为国尽忠的精神;喜欢居里夫人对科学的热忱与追求,以及她永不放弃的品质……

我还是个兴趣广泛的女生。我喜欢大自然的美，喜欢春梦无痕，喜欢夏雨悄声，喜欢秋叶含霜，喜欢冬雪无归路。我爱书籍，在书的海洋中，我像一只自由自在的鱼儿，尽情地游来游去。随着曹雪芹去为那金陵十二钗坎坷的命运而不平，随着郭沫若的诗去展望未来。去感受《傲慢与偏见》中主人公曲折委婉的爱情故事；去感受《呼啸山庄》中惊心动魄的故事情节；去感受《茶花女》中主人公凄惨的命运。这些无一不牵动我的心……

我又是一个充满理想的女孩儿。我踌躇满志地遐想，我要当博士，站在探讨世界尖端科学的讲坛上，滔滔不绝地述说着独树一帜的见解；我要当人类灵魂的工程师，为祖国培育出一代代的接班人；我还想当医生，在无影灯下，用手中的手术刀神奇地为人们消除病患。我知道要实现理想，需要脚踏实地，坚持不懈地勤奋努力才能实现。现实是此岸，理想是彼岸，我将带着对理想的美好憧憬，奋力冲向明天那个辉煌灿烂的彼岸，拥抱理想。

这就是我，一个有个性有主见的女生，一个兴趣广泛的女生，一个充满理想的女生。

情感丰富的我

高旻捷

作文课上,曾老师出了个有趣的作文题叫《向你介绍我》。放学回家后,我便来到穿衣镜前,"我"立即出现在自己的面前:中等的个儿、瘦瘦的腰,还有一对不粗也不细的眉毛,下面有一对虽不水灵但也颇有些神采的眼睛,还有小巧的鼻子和一张爱说爱笑的嘴。

我最喜欢夏天,因为每当到了夏天,妈妈就会带我到山上的小溪里捉虾。看着小虾在水里游来游去,恨不得把它们通通抓光,我跳下水,小虾"扑"的一声不见了,还弄得我一身是泥。

我的外表,简直有些弱不禁风,见到我的人都以为我是个文静的孩子,然而,我并不是人们所想象的那样,我也喜欢热闹。和我在一起的小伙伴都知道,每当和小伙伴们打闹玩耍时就我最活跃!谈天说地,打打闹闹,有时还阴阳怪气地哼上几句流行歌曲。

人既然有眼就要看,既然有嘴就要说,既然有情感,就难免哭哭笑笑,和伙伴在一起怎能板起面孔保持沉默呢!

正如朱自清说:"我爱热闹,也爱冷清;爱群居,也爱独处。"好说好动使我养成了爽朗乐观的性格,看起来有一点儿"浮",但决不会出格;沉静独处把我引向知识的海洋,看起来好苦,但苦中有乐。

如果把心放开,开开心心地去玩,再把心踏踏实实地收回来学点儿东西,可真难啊!但是,学习还是我的主要任务。

向你介绍我,你认识我了吗?

好想象的小女生

严 捷

早上对着镜子梳头发的时候,从镜子里显现出一张脸庞———一头乌黑的秀发,适中的鼻梁上架着一副高度数的眼镜,红色的嘴唇里有两排不太整齐的牙齿。这就是我。

我生长在一个普通的家庭。我的爸爸是市环保部门的一名工作人员,对工作认真负责;我的妈妈是市委党校法学教研室的老师,能烧一手让人垂涎三尺的菜。在这个普通的家庭里,我过着快乐的生活。

我非常喜欢看书,因为能在知识的海洋里遨游是一件让人感到多么愉快的事情啊!书籍,使我认识了为祖国献身的卓娅和舒拉、善良的汤姆叔叔、坚强的保尔和可爱活泼的绿屋里的安妮……他们让我知道了专制社会的悲惨以及为祖国献身的光荣……书籍真的是知识的宝库、智慧的百花园啊!

说起我的童年生活，每次想起来都有点儿啼笑皆非。记得有一次，妈妈给我买了一条小金鱼，我突发奇想，把那条黄色的小金鱼倒进了我喝的橙汁里，本来我是想看小金鱼在橙汁里快乐地遨游，没想到，小金鱼只在橙汁里抖动了几下尾巴，就肚皮朝天，死了。现在，只要提起这件事，我还会感到很难过。

再说说我的理想吧。我的理想是做个教师。原来我是想做个音乐家，但是学音乐需要很多灵感，而灵感有时又很难到来，所以我只好退而求其次了。

这就是我，普通的我。

"奥数"大拿

张书宇

我擅长打羽毛球和书法，我性格开朗，乐于交友。今天，我要向大家介绍我迎难而上的品质。

记得有一次，我在书中看到一个叫数学智力奥赛的栏目，我看了看内容，顿时欣喜万分，这题目有挑战性。于是，迫不及待地拿出纸和笔，开始做了起来。我通过运用画图、辅助线等方法，却都没找到开启这扇大门的"金钥匙"。可我并没有退缩，哼，我可是不容易被击败的。于是，我带着这种信念，经过了一次又一次的失败，我吸取了前面的失败教训，运用了割补法。满以为找到成功之路，但却又一次蒙了，用割补法只能破坏数据。我有点儿生气了，便想扔一边不管，但是：遇到困难岂能退缩，我为何不能像三国时期的姜维老前辈学习呢？他遇到挫折，只想着克服，我为什么就不能像他一样迎难而上，勇往直前呢？于是，我重拾信心，继续开始寻找成功这扇大门的"金钥匙"。我发现，这道几何应用题可以巧妙地运用"补缺法"，使这不规则的几何图形一转而成一个规则的平面图形，这样既不破坏数据，又能进行常规运算，可以一举两得轻松地解决这道几何应用题。我自豪极了，向爸爸妈妈述说我的解题过程，爸爸妈妈听了都直夸我聪明，又精神可嘉，我终于体会到一个人学会迎难而上的好处了！

看，这就是我，一个勇于挑战困难而又迎难而上的我。我一定会"与朋友交，言而有信"，我衷心希望大家能够与我成为要好的朋友，你们愿意吗？

回响在耳边的情感

刘天天

"丁零零……"我的背后响过一阵清脆的自行车铃声。当我怀疑如此美丽的都市怎么会有简陋的自行车时,心突然像被什么打击过一样,仿佛有什么东西,唤醒了深深收藏在心中的那份最真挚的情感……

年幼时,大街小巷到处都有自行车的身影,而按着响铃,骑着自行车兜风,也成为街边一道靓丽的风景线。那时候,我最喜欢爸爸骑着自行车带着我在街道上漫游了,因为这不仅能尽兴观赏小城的各种美丽风景,还不会感受到走路的劳累。有一天,爸爸骑着车带着我四处游玩,不知不觉,我们已经来到东新五路了。因为我很少来这儿,所以对这里的一切事物都感到好玩新奇,脚也不禁晃来晃去。我有一个坏习惯,就是一坐自行车脚就会情不自禁地摇来摇去。每每都要爸爸提醒我,才会有所收敛。这不,我看到美景很是兴奋,脚也跟着兴奋起来了,又是摇来晃去了。突然,我感到一种刺骨的疼痛,"啊——"地大叫一声。爸爸闻声连忙停车,我也看了看自己的疼痛来源地——左脚。只见左脚内侧的脚皮,竟被自行车的车轮卷了进去!而被卷进去的脚皮,则又像被削的苹果皮一卷一卷的,还似乎流着少许的鲜血,真是惨不忍睹!可我已经管不了那么多了,木然地坐在车上,呆呆地注视着身边的一切一切。爸爸则急得像热锅上的蚂蚁——团团转。他本来就对这里哪儿有医院不了解,加之过度紧张,也只能在那儿干着急了。

突然,只听到一串"丁零零"的沉重的自行车铃声,一位身着蓝色工作服的阿姨笑眯眯地对我们说:"怎么了?"随后,她停下车,看见我受伤的左脚,也看到了急得满头大汗的爸爸。她突然像明白了什么,眉头紧锁,认真地说:"这附近有诊所,快跟我来,孩子要紧!"而后,她骑上了自行车,为我和爸爸领路。风儿拂过我的面颊,我又听到了"丁零零"的铃声。只不过,这次铃声来得很是急促,我的头靠在爸爸的肩膀上,眼睛出神地看着那位领路的阿姨。月光洒在了她的身上,为她镀上了一层银色的边。她看起来就像一个雕像,那么圣洁,那么美丽。我们随着她来到诊所,后来的事我也已记不清,我只记得那时,在诊所里,面对连声道谢的爸爸,那位阿姨平静地说:"这是我应该做的,谁遇到这种事,都会这么做的。"

"丁零零……"自行车清脆的铃声,又拉回了我的思绪。我分明感觉到,一股暖流缓缓流过我的心底,我的耳边还回想着那声朴实的"这是我应该做的,谁遇到这种事,都会这么做的"。哦,我一定会好好收藏这个美丽的故事和这份真挚的关爱!

月光下的交谈

赵 帅

一年前,偶然发现布偶的可爱,便常常将它们放在枕边,与它们漫无边际地"聊天"。于是,布偶的收藏之路开始了。

科技文体周里,在跳蚤市场的乱逛中,竟与我的布偶们第一次相遇。一只"猩猩"和一只布袋熊安静地躺在桌子的一角,"购物者"对它们不待见。然而在偶然的一次回眸中,我对它们"一见钟情",欣然地买下了。原是将它们送给表妹当生日礼物,但是妹妹却将它们悬挂在玻璃上,仿佛它们的眼睛,满是泪水。于是,我向妹妹要回了它们。

为了抚平它们内心的创伤,我把它们放在我的枕边。每夜睡觉时,我都会跟它们"谈论"一天所发生的事情。慢慢地,在平静的月光下,它们似乎又笑了。

春节前，我收到了朋友小刚给我寄来的礼物，是一只抱着一颗心的布偶小兔子。我高兴极了，它们又有了一个兄妹。

从此，我的枕边，已不再是背靠背的两只布偶，而是肩靠肩的三只布偶兄弟。

下学期的学习生涯转眼就来，突如其来的是小山似的作业，还要备战考试。然而，等待我的不仅仅是"劳其筋骨，饿其体肤"，还有难以弥补的心痛。

期中考试前一夜，我与父亲约法三章：每科考90分以上，奖5元；95分以上，奖10元；100分，奖20元。而我以80分以下罚20元为赌注展开"赌博"。

考试时汗似雨下，就为那奖励及功名。

考卷发下来了，令我瞠目结舌的是语文只考了86分！但是有数学和英语成绩为傲，自以为还是可以昂首挺胸的。没想到父亲却食言了："虽然你考得'超棒'，但你偏科，什么时候你每科都优秀时，再来找我吧！"说完，便一甩袖摆，走了……

我定在那里，手里捧着试卷，红红的一片——惨不忍睹。忘记了自我，忘记了所有，唯有那远远的灯光，依旧闪烁。

我哭了，第一次放肆地独自流泪。静静地趴在床上，抚摩着布偶那纯洁的眼睛。它们，现在是我唯一的亲人。双手抱紧布偶，即使痛苦，也无人耻笑。

双手捧着它们,进入它们的心灵世界,体验无争之感。不经意间,眼泪又流淌下来。

我的收藏,我的木偶兄弟,我的知心伙伴。

外公的小盒子

陈从赠

打开红色包装的小盒子，里面是一只我珍藏已久的钢笔。

这是外公送给我的钢笔，笔身呈白色，笔尾部刻着蓝色的青花瓷花纹，笔盖的顶端有一个红色的圈，里面印着"北大"两个字。拉开笔盖，握笔处呈银灰色。看上去极为精致。外公曾考上北大，这支笔是外公入学时学校发的。

一年级入学，外公将我拉到桌边，语重心长地对我说："从儿，你上学后一定要好好学习，争取取得好成绩，长大了，要像外公一样考上一所好大学，为我们家争光。"外公喝了口茶，从抽屉里拿出那个盒子，打开了它，"这支笔是外公考上北京大学得到的一支笔，现在把它送给了你，你一定要好好学习。"我虽年幼，并不明确知道外公所说的是什么，但这段话却深深地刻在了我的脑海之中。

从此，每当我写作业时，都会用这支钢笔。

一年级下学期时，外公生病了，检查出来得的是绝症，全家人都很悲痛，但只有外公不知道。我依然清晰地记着凌晨2：04，外公将我叫到枕边说："你一定要记住外公的话，不要让我担心你。"我点了点头，话音落下，外公便走了。当时，我并不知道死是什么概念，只是知道外公去了另一个世界。我们再也见不到他了。

一天晚上，我梦见了我在高考，用的正是这支钢笔，考场上，我奋笔疾书，不停地检查，不停地检查……当北京大学的录取通知单送到我手上时，我与家人无比兴奋，我相信外公也一定会很快乐。

白色中印上蓝色的青花瓷花纹，笔盖上依旧是"北大"两个字，笔杆上也有着金光闪闪的"北京大学"四个字，墨水已装满，装进的是我对外公深深的思念。

收藏诚信

郑腾飞

打开那已经泛黄的抽屉,一瓶完好无损的涂改液,静静地躺在一角。每每看到它,都会使我想起曾经的那件事……

思绪飘回到小学时的一天,我迈着轻盈的步伐去上学。小鸟的叫声让我的心情格外愉快。突然,一阵吆喝声传进我的耳朵,"快来看呀,最新的涂改液,限量购买。"我不由自主地朝那边望去,真是人头攒动,按捺不住心头的冲动,我想出了一个自以为绝妙的主意。

中午,我找到正在忙碌的妈妈,假装说学校要交20元教辅费。忙得不可开交的妈妈哪有工夫管这些事,急忙塞给我20元。我心里暗自窃喜,庆幸妈妈没有发现。于是我脚踩西瓜皮——溜之大吉。

下午,晴朗的天空伴随着洁白的云朵,我哼着歌一路小跑上学。来到摊前,我二话没说,买下了一瓶涂改液,再以迅雷不及掩耳之势消灭剩下的钱。到班级后,还不停地摆弄着那瓶涂改液,越看越是喜欢。

谁知,才用了几天,我的内心却似乎总有一块石头吊着,看着涂改液上的那张笑脸,仿佛在嘲笑我,嘲笑我竟然做这种不守诚信的事。我渐渐感到过意不去,觉得自己应该主动去承认错误。可是,在内心的极度斗争下,我还是没有能够鼓起勇气去承认错误,而那瓶涂改液我也没有再去使用它,而是把它永远锁在了那个已泛黄的抽屉里。

从那以后,它时时刻刻提醒我要诚实守信,每当我控制不住自己时,脑海中就会浮现出那瓶涂改液,提醒我立即停止不良行为。

我的收藏虽然很小,但是它对我的意义却胜过任何一切物品,我会好好保存它,直至永远。

蓝印花色

夏晶晶

一个人的成长过程中,总会有许多故事。也许我们不记得故事的细节和主角。但每一位老师我们都不会忘记,因为他们为我们付出太多太多。

我一直记得一位语文老师,虽然她只教过我一年,虽然之前我一直不太喜欢她。

爸爸是个藏书家,我从小爱看书。一次,爸爸从外地给我带回一本《城南旧事》的精装版。书的封面特别漂亮,有一种华丽的气质。我很喜欢。

第二天语文课上,我忍不住把它拿出来翻弄着。就在这时,老师突然出现在我身后,不客气地把书从抽屉里抽出来。我吓了一跳,想着老师千万别没收了。谁知接下来老师就当着全班同学的面撕了!教室里鸦雀无声。老师怎么能撕了我珍爱的书呢!我当时就气得脑子里一片空白,手心直冒冷汗。

放学了,我一个人坐在教室里郁闷着,心里委屈极了,既丢了面子又丢了书。这时,老师走了进来,对我说:"别难过了,记住这个教训就好了。走,跟老师回家去,老师给你样东西。"

到了老师家,她丛书架上取下一本发黄的《城南旧事》给我,封面是简单的蓝印花色,年代应该也很久远了。"这本书给你,虽然不如你的好,也不如你的新。但你以后看到我这本蓝印花色的书啊,就会记住不能再犯这错误了。"我拿着那本蓝印花色的书,眼泪夺眶而出,既包含着委屈又包含着感动。这本书是不如我的好,也不如我的新,一点儿都不华丽。但那质朴、陈旧的纸页和特别的封面,才是最适合这本书的。我看到了从中散发出的光辉和老师的爱。那蓝印花也深深地印在我的心中。"孩子,要多读书,但上课也要认真听讲。读书是好事儿,爱读书的人将来一定能成才!"我深深地点点头,心中很感激,一阵酸劲涌上鼻头。

我翻开书的扉页,上面有一行清秀的钢笔字:1970年卢永霞藏。原来这也是老师的藏书啊。卢永霞,这个再普通不过的名字,却让我看到了爱的温存。如今,这本书也有四十来年的历史了,那封面的蓝印花色也旧了。但我觉得,蓝印花色,是越旧越美的,就像老师的爱,越陈越香。

现在,每每看见这本蓝印花色的书就想起了卢老师。这个世界上还有多少老师用自己的人格来为我们指引人生的方向,用自己的爱和心来教育我们,为我们呕心沥血。

古人说:"饮其流者怀其源,学其成时念吾师。"

所以,当我们走过时,不要忘记回过头来看看老师,感恩那颠扑不灭万古流芳的园丁魂!

今 天 真 好

王妍瑄

前几天是重阳,远在异地的我又倍加思念起爷爷。他的音容笑貌、他的坚毅容貌,以及他嘴边时常挂着的"今天真好"……

爷爷七十多岁了,身体硬朗的他不习惯穿鞋,天刚放亮便会出门劳作,是个地地道道的农民。我看着爷爷走出屋门,如果是阳光灿烂,爷爷会说:"今天真好,太阳出来暖洋洋。"如果是阴雨蒙蒙,爷爷会说:"今天真好,出门不用戴草帽。"日复一日,爷爷以这样的方式把"今天真好"这个概念揉入我心。

一次,全家好不容易团圆。爷爷奶奶忙里忙外准备好了晚餐。上桌的弟弟夹起一块鸡肉,看见鸡肉上"触目惊心"的鸡毛便质问。爷爷听后不安地低下头,不自然地笑着说:"眼睛看不太清楚,鸡毛拔不干净啰。"我边听着爷爷的话语边饮着鸡汤，总觉得难以下咽。我夹起弟弟碗里的鸡肉，说："爷爷您不是常说一生能吃到四两毛是福气吗，怕什么，我来吃！"说着我就啃下一大口，还满嘴赞不绝口。爷爷看后终于转忧为喜说："今天真好，阿妹肯这么大口吃肉。"又是一个催泪弹，"今天真好"，真的让我好欣慰。爷爷，您要是能永远好下去那才是"真好"。

想起爷爷，耳边满是"今天真好"。

"今天真好，阿妹那里的温度很温暖，不会感冒。""今天真好，家里的猪仔又胖了，过年了给阿妹送新鲜的猪肉。""今天真好，阿妹回家过年了。"

纵然生活中有种种不如意，爷爷嘴边始终挂着"今天真好"。他的好却又始终围绕着心爱的庄稼和心爱的子女。爷爷年轻时虽遭受过众多的苦难，可他永远对未来充满希望。是爷爷教会我不要为"山重水复疑无路"而苦恼，要为"柳暗花明又一村"的到来而欣慰。是爷爷教会我不要为"有心栽花花不开"而沮丧，要为"无心插柳柳成荫"而惊喜。是爷爷教我活在当下，把每件简单的事做好那便是不简单。我不标新立异，我只想像爷爷一样平凡而又诗意地活着。时刻告诉自己"今天真好，明天会更好"！

今天真好，故乡的柿子在今天应该挂满枝尖了，爷爷最爱吃柿子了……

清明，雨下

张　畅

时间兜兜转转一圈，最终，又回到这个多愁善感的季节，春天。

不知道为什么，从小开始，我就非常喜欢下雨的日子。天灰茫茫的，微雨绵绵，漫天柔和地斜织下来，一切都是那么梦幻、朦胧。我喜欢在这种天气里看书，因为，那样十分惬意、诗意。

又是一个细雨飘飘的日子，一大早，我就被妈妈叫起来去扫墓。

窗外，雨愈下愈大。车子里，窗户紧闭着，沉闷的气氛压抑得我喘不过气来。雨滴毫不留情地砸在车窗上，"滴滴答滴滴答"，奏出一首《悲魂曲》。雨，也在为逝去的人哭泣吗？我张了张口，刚想说几句话缓解气氛，可望向大家，都皱着眉，刚到嘴边的话，又被我硬生生地咽了回去。我无奈地叹了一口气,乳白色的雾气凝聚在车窗上,形成一个个晶莹剔透的小水珠,而我的心情就如同这一颗颗小水珠,复杂、零乱。

车子在马路上行驶着,不一会儿,就到了。下了车,雨下得更加肆意,我心底那种无比疼痛的情绪也愈加明显,如蔓藤般攀上了心头。渐渐地,萦绕不散的悲伤将脑海中的理智悉数吞没。望着面前外公的墓碑,眼中氤氲的水汽迅速增大了好几倍,瞬间滴落在我手中的那束鲜花上。上完香,我退了回来,抬头一望,从未落泪的外婆眼眶也湿润了,只见她举起颤抖的手,轻轻抹去不小心遗留下的泪珠。

雨毫不怜惜地砸在每一个人身上,每一个人都很安静,很安静,只是默默地注视着墓碑,很久很久。任雨痛哭,直到雨小了,大家才动身回去。

清明,雨下,不仅落在了身上,也落进了心里。

爱如春雨

俞 倩

"老师",是一个除爸爸妈妈以外,对我而言最亲切的词语。老师总是无私地奉献,他们就像辛勤的园丁,耐心地培养祖国的花朵;他们就像生命之光,照亮了我们前进的道路;他们就像燃烧的蜡烛,燃烧了自己,却照亮了别人。

老师无微不至地关心照顾着我,他们对我的关爱,我将永生难忘。

这是一件很平凡的事情。记得这是小学一年级的时候。那天下了场大雨,地上积了很多水,很滑。下课铃一响,我便和往常一样冲出了教室,去与同学们玩"跑跑抓"。轮到我抓了,我的目光锁定一位同学,把他当成我的目标,便向他跑去。就当我快要抓到他的时候,突然发现我前面有一摊水,由于我跑得太快,已经来不及"刹车"了。"砰"的一声,我摔倒了。手和膝盖都破了皮,鲜血渗了出来，血水和地上的雨水溶在一起，我痛得哇哇大哭了起来。老师闻讯赶来，看到我的样子，二话没说就背起我向医务室跑去。医务室离我摔倒的地方有些距离，老师十分瘦弱，背着我跑得十分吃力。路上，我和老师说："让我自己走吧。"老师说："不用，忍着点儿疼。"到了医务室，老师把我放在椅子上，我抬头一看老师，她早已是大汗淋漓气喘吁吁了。豆粒大的汗珠不停从她的脸颊上滑落下来。医生给我处理伤口的时候，很疼，老师为了让我转移注意力，便在旁边和我说话，直到处理完伤口。回班的路上，老师还要背我，我不让她背了，因为我知道她已经很累了。老师扶着我，一边走一边对我说："下次玩耍时要小心，千万别再摔倒了，要注意伤口，洗澡时千万不要碰水，要不然会感染……"

那一天我打心眼里感激老师。

老师无时无刻不在帮助我们。受伤时，是老师细心的呵护；上课时，是老师用心的讲解；遇到难题时，是老师耐心的开导……

"感恩的心，感谢有你，伴我一生，让我有勇气做我自己……"老师，我真心谢谢您，谢谢您，对我的关心与呵护，谢谢您教我许许多多的知识，谢谢您使我在人生的道路上少走弯道。

春雨染绿了世界，而自己却无声无息地消失在泥土之中，老师，您就是滋润我心田的春雨，我将永远感谢您！

隔绝人世的爱

李强锋

外祖父,我已是一个活泼的男孩子了,追忆远逝的如梦如幻的日子,您的影像漂泊在遥远的记忆中,朦胧而又分明,令人倍感惆怅和伤感。

我一直梦不到您,这其中的蹊跷至今未有所悟,苦苦地忆想……也许是儿时的一句傻话应验的结果!

七岁的一个晚上,我躺在床上很紧张地看着一本讲鬼的连环画,书中怪诞的内容勾起了我许多无端的幻想,此后我竟对着在灯下陪伴着我的曾外祖父说:"外祖父,你以后死了,不要来吓我,我很怕喔!"外祖父先是愣了一下,然后摘下老花镜很认真地对我点了点头说:"不会的,外祖父不会来吓你的。"

每当回忆起这件事,我心中就有一种说不出的味道,难道人死后真的有灵?要不,我儿时的一句不懂事的话,竟会使外祖父记得这么牢？不然，在他走了的三年时光里，竟从未轻扣我梦中的心扉！这近乎残酷的情结，使我倍感无尽的悔恨！

我忘不了，在那寒冬腊月，您的手爱裂口，裂口鲜红，活像一个个翻开的小嘴，里面会不时地渗出一些血珠，然而，您仍用这双疼痛难忍的手为我做好吃的；我忘不了，在那倾盆大雨里，您打着雨伞来学校接我，被雨水打湿，然后您着了凉……

外祖父啊！您为我吃尽苦头，不要我报答您一分就走了，走得那么匆忙，走得那么无声无息……

"清明时节雨纷纷，路上行人欲断魂。"清明，我独自来到您的墓前，我久久伫立，痴痴地凝视坟茔上的雾霭，渐渐地，面前隆起的那堆土，被泪珠和雨滴模糊了。您慈祥的面容以及烟云般逝去的一切，慢慢划过心空，最后消失在远方的雨幕中……外祖父啊！您听得见孙儿心中颤动的呼唤吗？虽然近在咫尺，却听不见您的声音，看不到你的面容，这于我是多么残酷的现实啊！

我幻想自己变成一朵素白色的小花，系在吐绿的坟头，就让它代替我忏悔吧，虽然我知道已永远失去了忏悔的机会，也包括唯一希望的梦！我在您的坟前久久徘徊，唯愿将深深浅浅的脚印寄给我永远想念的您……

最让我感动的人

赖心旖

他们挑起的只是那片属于他们的天空……
——题记

出门旅游时，在山脚下遇见了他。张家界的山有很多，有的高耸入云，有的只不过平地而起，我们这些缺乏锻炼的都市人是很少有毅力去爬一座高山的，只选择了一座不高但可以望见远处秀丽美景的山而已。

看见他时并没有什么好感，只觉得嫌恶，也许是受了家长的"熏陶"：不好好念书，以后就像那些人去干苦力。

脸还算不上黝黑，只是透出些生活重压的红罢了。那件有些许小泥点子的衣服不算洁净，可也挺整齐，脚蹬一双草绿色的解放鞋。手有些粗糙，青色的血管十分粗，并不与手背一样平而是向外凸出些。指甲缝中藏着黑黑的泥巴。也许是爱抽烟的缘故，牙齿也被熏黄了。

可能是我们这一大队人马都用十分奇异的眼神观望着他，让他有些不自在。于是，他自嘲地笑了笑，露出那口不太整洁的牙。挑起他的竖在一边的扁担，两头像天平一般的砖头。他蹲了下来，单腿跪在地上，将扁担扣在竹篓上，弯下腰，移着扁担挂上肩头，摇了摇确定固定好了，咬着牙慢慢站了起来，然后摇晃着竹篓，担着这担沉甸甸的砖头向石梯走去。

过不多久，我们赶上那挑工。他只回头望了望，掂了掂肩上的担子，继续赶路。我们超过了他。不多时大家初登山时的兴头过了，便放慢了步子，休息的次数便也多了起来。而那位挑工总是走着，走着，只是实在累时走到山边，俯瞰一下走过的路，这样仿佛给了他很大的力量，又继续赶路。我们同这位挑工前后赶赶超超，终于到达了山顶。只见那挑工已坐在石墩上，手中夹着点燃的香烟。原来山顶在建设、维修，要大量的砖头，全靠一个又一个的挑工一担担挑上去。

一位阿姨见着好奇，便问："这样能挣多少钱呢？"他笑了笑，操着一口湖南腔说："不多，够娃儿吃穿，上学就行了。"

才发现，他的面庞同这山一样棱角分明；

才发现，他的目光同这山一样沉默坚毅；

才发现,他的肩膀同这山一样挑起了整片天空。

他们的天空中有用汗水凝成的感动,在群山中书写自己的生命乐谱。同时,也深深地感动着我。

我心中的岁月流年

张婧宇

冬日的午后,坐在窗前看风景。那树梢上的叶,在我眼前缓缓飘落。心中霎时像被什么击中。想要挽留些什么,而岁月却不顾一切地向前走。我在心中大喊,却已还是来不及……

童年装在透明的罐子里,映出稚气的自己;透过阳光,融在心里,甜甜的。那个罐子里,装了好多七彩的梦和淡蓝色的回忆:和邻家小姐妹许下永不分离的诺言;走在草丛里采一束带露珠的野菊;庭院里水泥地上隐隐约约的格子框;还有第一次养小动物失败后哭着忏悔……琴键上泻下那段童年常听的旋律,想起儿时常去的那个山坡。还记得那时的清晨,天很蓝,风很暖。我穿着雪白的连衣裙,赤脚走在山坡上。风吹散了蒲公英,漫山遍野地飞舞呵!静静地躺在草丛中,草尖搔得脸颊痒痒的。空气里弥漫着野菊的清香,我用罐子装下那时的阳光,天真地笑着说，要带给邻家小姐妹……这段透明的岁月，无论何时，回忆起来，总是明亮而温暖。

记得三年级时，S.H.E的《不想长大》风靡一时，而我当时却盼着长大。那时真的什么都不懂，只会天真地笑。直到那罐子里的阳光真的如歌里所说，化作海上的泡沫，我使劲地抓紧它们，但却都只是徒劳。我只能看着它们在眼前飘飞、上升、飘飞，直至融在阳光里。我的童年是过了，真的过了。在我不经意间，已与我错肩。

那段岁月的阳光似乎不见了。邻家小姐妹到了他乡求学；草丛、山坡如今成了繁华街市；庭院里的格子框，早已被岁月蹂躏得再也看不出原来的形状……真的希望能回到那个痴痴的自己，那个什么也不懂的自己。以前盼着长大，嚷着时光过得真慢；而现在却是害怕长大，抱怨时光流逝得太快。长大了，我们就不能再像孩子那样，放肆地立下自己的梦想。我们多了束缚，少了自由的空间；我们肩负着责任。

时间把我们不停地向前推移。无论我们愿不愿意，我们已无法选择地汇入时光的洪流。曾经的岁月，埋藏在心底。只要静下心来，就会从心底升上来，驱散阴霾，抚慰我的心灵，然后继续前进。罐子里满满的都是纪念，尘封于心。

阳光透过纱帘，在指尖上停留。无论岁月如何变迁，那罐透明的岁月将会是我一生的财富，我将永远把它珍藏在心。流年逝去，物是人非，我将保持一颗透明的心。

烦恼的雨

吴诗怡

我独自走在街上,看着雨"啪嗒啪嗒"地下着,多想扔掉雨伞,忘掉心中所有的烦恼。于是,在雨小点儿时,我抛开了伞,任雨点打在脸上、身上、脚上,似乎这雨打在了我的心里。"啊——"我仰天大叫,然后慢慢蹲下,不知什么东西从脸颊滑下,是雨,还是泪?那不重要,此时,我心里想的,还是那个烦恼。

今天早晨,吃过饭,背了一下课文,就开起电脑,与同学聊天。妈妈轻轻地推开门,看见我在聊QQ,似乎有点儿不高兴,眉头微皱,问:"课文背了吗?""嗯。""把书拿过来,我考考你。""哦。"我有些不情愿,但还是依依不舍地与同学说"拜拜"。

"去的尽管去了,来的尽管来着,后面一句是?"妈妈突然变得好严肃,我不由自主地低下头,不敢直视她的眼睛，说话也变得吞吞吐吐了："去的尽管去了，来的尽管来着，去的已经去了……""错了！你背的这是什么东西？"妈妈如同一座火山，好像随时都有可能爆发。她似乎是压着心中的怒火，说："再给你背五分钟，不会你自己看着办。""哦。"我小心翼翼地，生怕会突然触碰到那根无形的导火线。

五分钟过去了，我背了那段话，虽不是特别流利，但还算好了，一颗悬着的心落了下来。谁知，妈妈又抽到了前面一段话，我那颗心，又被提了起来。"那，那还没背。"我的这句话好像点燃了妈妈心中的怒火。"背了这么久还不会背，给我抄十遍。""哦。"我用连我自己都快听不到的声音说道。

原以为妈妈不会再说什么，可是，我错了。"你给我好好反省一下，上学期期末给我考个87分，还不努力？"泪水在我的眼眶里打转，上学期我真的很努力啦，考87分我也不想啊。当我还在哭泣时，妈妈的声音又在耳畔响起："这次期中考，没考到95，你以后周末也不要玩电脑、看电视了。"看妈妈的表情，不像是假的。"还有，你数学不会还可以原谅，语文和英语靠记忆的，你还不会，真的是无药可救。"说完，她扬长而去，只给我留下一个背影，任我一个人蜷缩在墙角，眼泪如断了线的珠子，一颗颗往下落。我也不愿这样啊，我已经尽力了，我想考好，可就是考不好，我有什么办法。

雨，依旧下着，我心中那烦恼的雨也在下着。我擦了擦眼泪，站起来，仰望天空，雨势没有减弱。末了，我捡起伞，用它，来挡这场雨。当然，也要用努力，来挡这场烦恼的雨。

等待

等　待

林舒婷

等待是一种心境，也是一种态度。

——题记

种子发芽需要等待，幼苗出土需要等待，花蕾绽放需要等待，果实成熟需要等待，孩子长大需要等待，冬去春来需要等待……

等待是一种心境，也是一种生活态度。

一颗种子想要发芽，上帝实现了它的愿望，让它在一夜之间发芽，可是没有过多久，它的生命就终止了。为什么？因为它在发芽之前，还没有吸收到足够的营养，还无法给身体提供能量。何必那么心急呢？

一朵花蕾想要快快绽放，上帝实现了它的愿望，让它在一夜之间开花。结果，因为花蕾还未成长完全，只能开出一朵不起眼的小花，自己因无人问津而伤心不已。怎么就不能耐心一点儿呢？

是啊，没有经历过的过程是无法省去的，一旦失去了，它将会改变你的一生，给你一个截然不同的生活。

记得，曾经看过这样一部的电影——《今天十三，明天三十》。讲述的是一个小女孩儿想要快快长大，便在自己的十三岁生日时许下了这样一个愿望：希望她明天在十岁，成为一个魅力十足的高薪白领。结果愿望实现了。可是当她成为一个漂亮的三十岁女人时，才发现生活有了很大的不同：要工作，要承受来自社会不同的压力……这些东西将她压得喘不过气来。十三岁和三十岁在一夜之间跨越，省去了其中的十七年的岁月。这十七年的生活可以教会她很多很多：学会如何自立，如何自主，如何承受来自外界的各种压力，如何将压力转为动力……可是省去了十七年的光阴，小女孩儿既对自己的三十岁生活充满了兴趣，又感到十分窘迫。三十岁的自己任何事都必须要独立完成，没有人帮忙，只因为自己已经长大了。

所以，有些事还是急不得！

等待是一种心境，也是一种生活态度。在这漫漫的等待过程中，我们可以学到很多东西，只为了在不再等待的日子里可以大放光彩！

包 汤 圆

罗钰婵

元宵节吃汤圆已经是再平常不过的事了,我们家也是,年年买,年年吃。

今年的元宵节,我正准备和妈妈一起去买汤圆时,妈妈突然说:"我们今年来自己做吧!"我高兴地拍手叫好,因为从小到大,我还没有包过汤圆呢!

说做就做,我和妈妈买来做汤圆的馅和皮,便开始动手了。

妈妈揉了一小团的面团在手里,轻轻地掂成了一个碗状,再把芝麻馅放一小勺进去包好,揉圆,这样,一个精致小巧的汤圆就在妈妈手上诞生了。

看妈妈包得这么轻巧熟练,我心想,这有什么难的?看我的。于是,我也学着妈妈的样子,把一小团面粉搓圆,掂成碗状。可这在妈妈手里还乖巧听话的面团转到我手上却变得比猴子还调皮，无论我怎么拈，怎么揉，这面团就是成不了漂亮的碗状，只像刚出土的瓷碗似的，这儿缺一个口，那儿漏一个洞。我只得"拆东墙补西墙"，不一会儿，这破碗上就出现了好多"补丁"，咳，没办法，技术不娴熟嘛。装好了一小勺馅，我便开始细心地合上口，揉圆。可我在揉圆时却意外地发现手上有一些黑黑的东西——我的汤圆露馅了！要怪就怪我把口封得太紧了，把包着馅的面团使命往上揉，下面的防护不当，馅就漏出来了。

如此数次，我总算做出了一个"像样"的汤圆，虽然造型差了些，但能吃就行了嘛。再看看妈妈，我包一个的工夫，她早就包好了五六个，个个小巧玲珑，我做的那个放在中间，简直和丑小鸭一样。

随着我包的汤圆数量的增加，模样也越来越漂亮了，得到了妈妈的表扬，心里也扬扬得意起来。不料，"叭"的一声，一个汤圆又"光荣牺牲"在我手上了。"还是不能表扬啊！"妈妈叹了口气说。

汤圆终于下锅了。看着锅里一个个圆滚滚的家伙，心里别提多高兴了，只想着赶快出锅，我好尝鲜。

终于出锅了，那叫一个香啊，我和妈妈都快流口水了。我在碗里翻着，翻着，可就是找不到我包的汤圆。"妈，我包的汤圆呢？"我大喊着。只听妈妈房间里传来平静的声音："质量不好，刚下锅就破了……"

虽然没能吃上自己亲手包的汤圆，可我还是觉得今晚的汤圆比以往的更香更甜。

在这不寻常的春天里

谢一一

在这个不寻常的春天里,我望着阴雨绵绵的天空,数着"叽叽"直叫的飞鸟,回想着这个春天里不同寻常的一切。

在这个不寻常的春天里,天空变得与往年不同。回忆过去,春天的天空碧如海,几朵飘浮着的云彩悠然向大地传达着春天的信息。嫩绿的小草钻出了大地,柳枝上羞答答的嫩芽挤出了树梢,各种鲜花争艳斗奇,姹紫嫣红。回到现在,天空灰蒙蒙的,细雨绵绵,地面湿漉漉的,万物皆为之而湿润。而偶尔的几场大暴雨,却使我们这些学生叫苦不迭。

在这个不寻常的春天里,我鞋子的更换次数创下了人生的新纪录。从不间断的小雨使地面的水坑以平方数增加,再加上偶尔的那几场大暴雨,每个人的衣服、书包和鞋子全都湿透了。这对于我们这群"公交族"来说，简直是个噩梦。

在这个不寻常的春天里，万物都充满了睡意。过去，春天里常看到的五彩缤纷的花朵黯然失色，活蹦乱跳的动物们不再生龙活虎，只剩下了单调和冷风捎来的寒意。春姑娘啊，你是否抛弃了可爱的大地？你快回来吧，赶走那讨厌的阴云，万物都盼着看到你甜美的笑容！

在这个不寻常的春天里，同学们不再奔跑，不再嬉戏在操场上，不再闲逛在大街上，只是静静地坐在室内，抬头望望阴森森的天空，不禁叹息道："既然错过了春天，那么夏天一定是美好的！"

梳子与剪刀

郑东磊

今天,不知怎的,看到了一把梳子和一把剪刀。

我拿起这两件物品,仔细端详。

剪刀锋利无比,它可以剪去一部分,让另一部分更完美;也能用锋利的刀刃,让黑白相间的纸只有白色,没有黑色。

我们都应该有两把剪刀啊!一把可以让我们自律,自我完善,不会因为小小的成功而满足,锋利的尖刃会不断创造出更多美的图案;另一把可以剪掉孤独与忧郁。人生路上,难免会有荆棘,它也许会让我们有短暂的失意,在这时,我们就应该用上这把剪刀,剪去过去的失落,展望新的蓝图!

梳子小巧、整齐。它理顺了头发,让头发顺滑,不再纠结。

人生的阶段是有划分的,每一个阶段都是一次成长的段落。不妨梳理一下,让我们的下一阶段更加清晰。正如某位名人所说:"人生就是阶段性的调整。"

放下这两件物品,我已明白了人生的道理。

剪刀,犹如心态;

梳子,犹如理智。

理智与心态,缺一不可。

母爱引领我成长

陈智歆

人生路漫漫,步履难相重。待到轻狂后,方知慈母恩。

——题记

白　鬓

"你根本不了解我!"使出全身力气吼完后,我摔门而出,留下气得发抖的你。其实,很小的事情,却让我们吵得不可开交。

河畔杨柳依依,有年迈的老人携手并肩,幕幕温馨。深秋的天气,落叶敲打着我的肩头。凛冽的风刮过,我紧了紧衣领,方才想起你要我加的秋衣。"唉……其实不该吵的。"这一对对路过行人的言语欢笑,刺痛了我敏感的心。眼泪在眼眶里打转,我仰头努力地控制自己:"我才不道歉呢!"可是微微发抖的身体却缩成了一团。

"回去吧,饭好了。"你拉起在长椅上发抖的我,"该感冒了,你身体一直不好。"我沉默地看着平静的河面,无言。"对不起,我……"你急急道歉,却被我打断:"那个……回家吧。"

河风被落日煨得暖极了,我不禁弯起了嘴角。

可是,我却在暖风中看见了你渐渐发白的双鬓。

泪　眼

那一天,天空拉长了脸。雷声大作。惨白的灯光下,猩红的分数正狞笑着鞭挞着我的心。这从未有过的成绩,让我不知所措,只是呆呆地望着低着头的你。

你的脸被发丝掩盖,身子微微发颤,看得我心惊肉跳:"那个……"

"别说了。"你抬起眼,"什么话都别说了。"我惊呆了。

泪!自我懂事以来,你一直坚强,从未有过一滴泪,而今……你朦胧的泪眼中绘满了痛苦与绝望,苍白的面孔中也是无尽的失望。你太难过,我还是第一次见。可你伸手拭掉了即将夺眶而出的泪,转身离去。房间中,留下一个我……

窗外响起了雨声,淅淅沥沥地响着。我握紧了拳头,忍住了泪。放下心痛,拿起笔:"雨下吧,我不哭……"

时光白了你的发,助我成长。你朦胧的泪眼触目惊心,使我不得不停止骄纵。好想与你永世相伴,请你一直,引领着我向着正确的方向成长……

射入心底的阳光

姚云琴

人们都说挫折我们受不起,一承担就会感到非常累,许多人认为挫折是一种不幸,只要受到挫折就会被挫折永远包围、缠绕,怎么也甩不掉它!可是有人想过吗?其实挫折也是一种幸福啊!它可以锻炼你的意志,它可以让你脆弱的心灵变得坚强!

刚转学,等待我的是陌生的环境,陌生的老师与同学,没有朋友,使我一天天沉闷下去,将我封锁在自己的世界里。我常常被埋在一片书海之中,无数作业令人窒息,找不到适当的学习方法,想用功也不知道该如何下手,只是盲目地翻啊看啊,在六年级第一次数学考试后,我第一次被挫折伤得那么深、那么痛。

那天,独自走在回家的路上,街道上没有路人过往,行道树也无精打采地屹立在路的两旁,凄凉的环境使我更加孤独、无助。眼泪在眼眶里打转，终于，泪水像断了线的珠子，滴滴答答地落下来，让它肆意地在我的脸颊上流淌，我该怎么办，我该如何面对盼女成凤的爸爸，我让他失望了。独自走在熙熙攘攘的街道上，寂寞孤独涌上心头，泪水肆无忌惮地流着，心里别提有多难过，我不禁问自己：我的能力只有如此吗？争强好胜的我到哪儿去了呢？不，不是的，我可以做得很好，我会成功的。这次的失误将永远印在我的脑海里，迫使我为之奋斗，我拼命告诉自己，我是最棒的。这时，我擦干眼泪，决心要努力一番，一定要做出成绩，经过这次挫折，我成长了，我更加努力，认真了。功夫不负有心人，我终于成功了，这只是我迈出的一小步，生活的阳光逐渐射入我的心底，每天的付出都是值得的。

　　花因艳丽而夺目，树因翠绿而美好，正是因为有了挫折的陪伴，我才懂得了如何奋力地撑起那只在激流中行驶的独木舟，才懂得戒骄戒躁、精益求精，才懂得在谷底再次站起来去迎接更多的挑战！

　　挫折，生命给我最好的礼物，有着浓浓的苦涩，也有着香香的甜！

成长路上的欢喜

陈 辰

成长,有过欢笑与无忧,有过辛酸和泪水。那曾经的记忆刻在往事的天空,有时随风飘散,有时却映入脑海,有那么一件事,时常在我的回忆中像水波般荡漾开来。

妈妈说我目前的生活一帆风顺,可在学习上却迥乎不同,成绩的滑落常如沉重的担子压得我喘不过气。

数学是最令我烦恼的一科。五年级的时候,我的数学成绩从稳坐顶峰一下跌落到半山腰。当时和朋友嬉笑着去办公室看分数。有的人知道成绩后欢呼雀跃,有的人则垂头丧气,致使我的心忐忑不安。终于看到了自己的成绩单,95分,98分,80分!我猛地一惊,双手僵在半空中,脑袋顿时"轰"地炸开似的,眼睛直勾勾地盯着那一栏数学成绩,"80——80",耳畔有一个轻蔑的嘲笑声传来。轻轻念叨着这个对我来说如晴天霹雳般的分数,眼前浮现出"8"和"0",一圈一圈由大变小,我的心从沸点降落到冰点。再看到分数的那一刻,那一瞬,我哭了,扶撑在水池边哭了,"哗——哗"的流水不比我的泪水汹涌;我哭了,在床上啜泣,沼泽不比枕上一片泪水潮湿。一块重重的石头就此压在我心底,压下了我的自信,压下了我的勇气。

爸爸、妈妈、老师、朋友的安慰不停地在我耳边萦绕。终于有一天,这些充满无限温情的话带给了我勇气。我开始发愤学习数学,专心思考,细心钻研。夜深的寂静是我努力的旋律,昏暗的灯光是我忠诚的伴侣。皇天不负有心人,六年级第一次考试,我奋笔疾书。那离满分一步之遥的成绩终于在我那干渴的心灵中洒下一滴慰藉的清泉。

虽说此后成绩又有起伏,但我不再畏惧了,我不再失望和伤心了,因为自那次在学习的路途上的挫折之后,在我顽强地站起之后,我就此拥有了一把打开挫折的大门的钥匙。它赋予我自信,赋予我前进的勇气与动力。

"挫折是人生旅途中最宝贵的行囊",我会带着这份财富上路,披荆斩棘,直到到达理想的彼岸!

目标引领我成长

缪斯林

> 目标是一根神奇的丝线,用它可以串起无数成长的珍珠。
>
> ——题记

从小,我就给自己定了许多目标。我就是追寻这些目标在成长的道路上一步一步地前进。小时候,我的目标是上学;上学后,我又想着考个好成绩;成绩出来了,我的目标又变成了能够自己洗衣服、做菜……现在,我的目标是在期中考取得满意的成绩。

今天,我坐在考场里,回想追寻这个目标的经历,真是感慨万分——

还记得在课程表上写的"有志始知蓬莱近,无为总觉咫尺远"。每天,我都盯上它一遍,天真地绑上头巾,戴上耳塞，眼里不再有稀奇古怪的玩具、大包小包的零食，只有那群蚁排衙的小楷。手中握着已经浸满汗水的笔，伏在灯下，不停地想着、写着，耳边再也没有赛车的嗡嗡声，嘴上也不再哼着流行歌曲，只有读书声……

从来没有想过，我是在和时间赛跑，向习题挑战。也许，只有目标才能促使我在成长的道路上这么忘我吧。

从来没有想过，为了这个目标，能走绝不跑的我，居然在放学后，快步走到操场。面对着鲜艳的跑道一步一步艰难地跑着，一圈，两圈，三圈……直到跑完六圈，我才气喘吁吁地停下脚步。马上就是体育测验了，为了能够及格，这，已经持续了一个多星期了。班级里，老师布置作业时，同学小庄总是抱怨，我笑笑，告诉他："有志者，事竟成，破釜沉舟，百二秦关终属楚；苦心人，天不负，卧薪尝胆，三千越甲可吞吴！"

我想，就是因为这个目标引领着我，我才可以走到今天吧。今天，是我目标实现的最后一步，我笑了笑，我一定能实现我的目标！

轻轻牵着我的手

黄 颖

> 人生坎坷，难免有摔倒之时。迷惘之中，我看到了她为我亮起的一盏明灯。
>
> ——题记

人们常说，老师是人们的第二父母。是啊，上学的时候，每天与你见面的是老师，给你无限关怀的也是老师。对于这一点我深有感触，在记忆最深处，有一个她引领着我在成长的路上前行。

难忘那双充满信任的手。

五年级时，因为是转学生，初到一个环境，难免会怕生。那时的我总是一个人静静地待在孤独的角落，望着那些陌生的同学，自己就像在另一个世界。而她，带着阳光和温暖，悄悄地来到了我的世界。她给我了一个锻炼的机会，在同学们的惊讶下，让我担任语文科代表。多久没有受到别人信任的我无法相信，一下课，就怀着一颗激动的心去询问。她的手温和地搭在我的肩上："怎么？你不相信自己能做好？"我充满自信地点了点头，马上跑出了办公室。从此，我开始试着和同学们交往，慢慢开朗起来了，勤劳地收发作业，而她也常常笑着在班上表扬我工作认真负责。

啊，忘不了，忘不了她那双充满自信的手！是那双温和的手轻轻地牵着我，在成长的路上迈出了关键的一步。

难忘那双犀利的眼。

渐渐地，我熟悉了班上的同学，已经和她们一起玩闹了。一次作文考试，我写着写着，突然记不得一个字如何写了。我轻轻地问了问同桌，同桌马上递了一张纸条过来。她正在改着作业，却一眼看到了拿着纸条的我。她厉声叫我们站起来，严厉地教育我们，一点儿面子都没有给。我低着头，两眼看着桌子，不敢看她。下课后，她把我叫进了办公室，那双原本温和的眼睛严肃起来。我看着她，在她的那双眼睛里，我不仅看到了严厉，还有忧愁。我明白，这是她的恨铁不成钢。从此以后，我再也没有作弊过，因为我总觉得那双严厉失望的眼睛在注视着我。在我迷惘之时，是她引领我走出歧途，走上正确的道路。

啊，忘不了，忘不了她那双严厉失望的眼！是那双犀利的眼在时时注视着我，在我成长的树上剪去了枯枝败叶。

事隔多年,我已慢慢长大,可我依然忘不了她——我敬爱的杨老师,是她带着小小的我慢慢成长。我不知她是否还记得,当初她培养的小花,现在正在努力地成长,而在这朵小花的心中,还珍藏着她洒下的第一滴露水。

书籍给我一双慧眼

宋成吉

从小到大,我一直都很喜欢书,遨游在书籍的海洋中,学到了知识,开阔了视野,感悟了人生……

学 习 知 识

小时候,我是一个内向、孤独的孩子,那时我喜欢的书和大家不太一样,不是漫画,也不是故事,而是《十万个为什么》。我能在这部书中,了解到一些动植物科学和一些科技文化。一有闲暇,就会去阅读,不仅学到了比同学稍多那么一点儿的知识,还使我养成了爱读书的好习惯,也在一定程度上使我变得敢与别人交流。《十万个为什么》让我学到了很多。

开阔视野

稍大了那么一点儿,我喜欢的书的类型变了,我读书的目的也从学习知识变为开阔视野了。大约是从三年级起,我爱上了古典文学,如《说岳全传》《杨家将》《东周列国志》等。这些书具有一定的故事性,使人不觉得乏味,又具有一些历史史实,使人纵观古今。就拿《东周列国志》来说吧。我读着这本书,仿佛来到了春秋战国,看齐国称霸,观长平之战,见秦灭六国。其中我最不能忘的就是"荆轲刺秦王","风萧萧兮易水寒,壮士一去兮不复还",多么悲壮的故事!这些书,让我了解了许多故事。

感悟人生

我如今已上了高年级,读书的目的和范围又不同了。我现在爱上了一些外国名著。这些书往往都具有较高的艺术价值和较深的内涵。在书中我认识了许多人物:善良的老苦役犯冉阿让,貌丑心善的卡齐莫多,勤劳勇敢的鲁滨孙……我还感悟到了许多事理:《悲惨世界》告诉我,不能用老眼光看人;《巴黎圣母院》告诉我,不要以貌取人;《红与黑》告诉我,要用正当方法做事;《王子与贫儿》告诉我，不要随意改变事情的发展……这些感悟会伴随我一生。

是啊，正如高尔基所说：书籍是人类进步的阶梯。我会永远记住这些书给我的启发，让它们陪伴我成长，成为我的好老师。

母 爱 拼 盘

胡欣婕

渐渐地,我们长大了。从呱呱落地的第一声哭啼,到懵懂无知的孩提;从年少轻狂的昨天,到理智果敢的今天,而我们的父母却在不知不觉中老去。他们辛勤地工作,简朴地生活,换来了我们蓬勃的生机;沧桑的面容,斑白的双鬓,是无情的岁月残留下来的痕迹。母亲更是将她全部的感情倾注在了我们身上。她的爱像一股春风,吹散我心头的愁云,像夏日的绿荫,给我送来清凉。

童年·温柔的母爱

不知怎么的,总能感到记忆长河中最深处的母亲是那么的温柔。记得小时候,有个小朋友来抢我的玩具,结果我俩打了起来。我的膝盖和手臂都被磨破了皮,本以为会遭到妈妈的责骂，可是她为我擦拭伤口时的眼神流露出的那种温柔震撼了我。妈妈告诉我做人不能太自私，东西要和大家分享。我似懂非懂地点点头。

少年·平静的母爱

上小学不久，我看见同学们的家长都接送孩子，对他们照顾得无微不至，好像他们手里捧着个水晶球，小心翼翼地，生怕摔碎了。我不由得一阵心酸，妈妈自从接送我一个星期以后，便要我自己去上学。我那时总觉得她不关心我了。但是我病了之后就不这么认为了。我每天要喝着难闻难咽的中药，熬中药是很麻烦的，得大火煮开再小火煮然后慢慢熬。因为那中药实在太难喝了，妈妈为了让我喝下去更是绞尽了脑汁。我现在才明白她做的一切是为了让我独立。妈妈给的爱犹如湖面一般平静，但却像海一般深沉。

青少年·严厉的母爱

六年级，学业变得沉重起来，总觉得自己像那只背着壳的蜗牛，为了树顶的葡萄，一步一步地向上爬着，但那重重的壳常常让我喘不过气来。但妈妈还是让我每天读这读那的，好像挥舞着鞭子，逼着我向上爬。其实我知道她所做的一切都是为我好,是为了让我将来有好的基础。

　　成长像一条源远流长的大河,在我的生命旅途中掀起一朵朵浪花;成长像一棵郁郁葱葱的大树,年轮里记载着我留下的足迹。在母爱中一天天成长,我在变化,我在收获。花开花落,悄无声息。

盼　春

张婧宇

冬天。凛冽的寒风呼呼地刮着，吹得人们的脸颊泛红。人们穿着又厚又重的大棉袄，手捂着嘴哈着热气，拖着沉重的步伐向前走去。街边的树木失去了昔日窈窕的身姿，华丽的礼服早已褪去，余下的只是枯枝与干裂的树皮。三明的冬天，虽没有北方那样的鹅毛大雪，可凛冽的寒风却是能把人征服的。于是，春便成了人们心中带来希望与温暖的女神。

终于，春风捎来了春姑娘的讯息，新翻泥土的气味儿与清新的空气在蓝天下轻轻荡漾。风儿吹绿了树梢，吹绿了枯萎的小草，让天地成为一片绿的新世界。瞧，沙溪河水平静如镜，绿得像块翠玉，好让岸边的柳树照个影呢！小鸟在枝头高歌，花儿攀上了枝条，一串接着一串，一朵挨着一朵，它们一定是被鸟儿动听的歌声吸引去的吧。劳作的人们挽起衣袖，在农田里播下一颗颗希望的种子，脸上溢满喜悦的笑容。每当这时，人们便会在心中许下一个愿望：盼夏天快点儿来吧，夏天来了，就能感受到晚风的凉爽，吃甜甜的西瓜与冰激凌，跳进清凉的河水中，做一回快乐的"鱼"。

夏挽起春的珠帘，让阳光洒满世界每一个角落。这时的人们便可在小院儿里放一张躺椅，捧上一本散发着油墨香的书，端起一杯淡淡的茶，尽享这闲暇的午后了。任清风吹过，伴随着悠远的古筝声，树影与阳光交织映在脸上。夜晚，坐在树荫下的长椅上，望着满天的繁星，脚下是沙溪河水的呢喃细语。

不觉中，秋吹落了树梢上翩翩起舞的黄蝶，来到人们的身边。这是人们企盼的有所收获的时刻了。农人割下田里金灿灿的麦子，背起果筐摘下一个个圆润饱满的果实，斜阳映衬着他们的脸，那喜悦的笑声回荡在天地之间。每当这时，孩子们就背起书包开始了新的学习生活。

每个人心中都有自己的所盼。那个"盼"，不仅只是渴望美景，还是人们对美好生活的向往与追求。盼初春播下希望，盼盛夏带来清爽，盼秋天收获果实，盼冬天调整自我……人的一生都在盼，并努力地实现愿望。让我们一起播下希望吧：一分耕耘、一分收获，让盼有所价值、有所回报！

合作——通往成功的桥梁

郑伟斌

所谓合作,就是指相互配合,共同把事情做好。现代社会是一个充满竞争的社会,更是一个需要人与人之间相互配合、相互帮助的社会。只要有了成功的合作,再巨大的困难都可以迎刃而解。

古代战争频发,因此,各国的合作就显得尤为重要。

公元前318年,齐、楚、燕、赵、魏、韩六国共同抗击秦国,但是由于他们人心不齐,没有统一的策略,不能很好地合作,导致了战争的失败,最终成了秦国的俘虏。

相反的,如果六国当时能够齐心协力,一起努力向着共同的目标前进,集中一切的兵力、财力与物力,就可以打败秦国,取得卫国战争的胜利,拯救万千百姓。就像东汉末年,孙权与刘备齐心协力,共同抗击曹操,在赤壁打败了曹操,上演了一场精彩绝伦的赤壁之战。

古代需要合作，当今社会更需要人与人之间，国家与国家之间和谐相处。即使是再强大的国家，也有需要帮助的时候。

2005年的8月，美国南部遭到"卡特里娜"飓风的袭击，南部城市新奥尔良受到重创，导致很多人失踪，死亡人数达到了1万人，造成直接经济损失500亿美元。世界各国得知此消息，纷纷向美国伸出援手，在这些国家中，竟然出现了几个令人意外的名字：伊朗、朝鲜、古巴、委内瑞拉。

在大自然面前，即使是经济发达的美国也不堪一击，也是需要国际援助与合作的。就像一朵花，即使它长得再美丽，也是需要有甘霖的滋润，阳光的照耀，土地的呵护和绿叶的衬托，才能绽放属于它的美丽，否则，它始终逃不过凋零的命运。

不论是人还是动物，都是需要合作的。比如蜜獾和导蜜鸟，鳄鱼和千鸟，海葵虾和红海葵等，他们都是利用自己的长处，互惠互利，才能得以在自然界中繁衍生息。

合作，是信心的基础；合作，是力量的源泉；合作，是人生的探路灯；合作，是通往成功的桥梁。

昙　花

蒋　悦

晚上与小学同学聊天，她兴致勃勃地给我发来了一张花的照片。

照片拍得很暗，背景是灰暗的墙壁，但我可以分明地看见花的轮廓，它给我的感觉是难以表达的美。

同学说，这是昙花。

她说是算好了的，快半夜照的：养了很久就开这么一次，虽然很晚却一点儿也不困，举着相机蹲在那儿等。她的语气里满是自豪。

我明白相机这种东西是复制不出美的，但这张效果并不好的照片却给了我片刻的冲击和震撼。

是的，它只能拥有短短的几分钟绽放美丽。它天生就注定不能开出持久绽放的花朵。

我不禁想起台上的舞者。他们在台下苦练数年才获得一次展现才华纵情歌舞的机会,他们中的一些人把全部的希望寄托在这一场舞蹈中。即使是这样,也有被埋没的可能——那么多的人,人们的目光自然都在领舞身上,许多人只能是个陪衬,他们的舞蹈,像是没开花的植物——永远只是绿叶。但这并不妨碍他们纵情舞蹈,舞过,那就够了!

昙花的花语应该是——瞬间永恒。

它积蓄一生的美,要在这一刻倾泻出来,所以它开出的花拥有脱俗的魅力。昙花这短短的一现足以胜过所有花期长的花。

花期过后它便静默着,因为它已经展现过它自己了。

昙花,花开一瞬,美丽永恒。

篮 球 考 试

吴诗怡

这星期的体育课,是篮球考试。在慢跑两圈后,便按号数考试,其他没轮到的同学就先练习。由于我是最后一个考试,所以就有了更多的时间。

因为号数较前面的人先考,所以就让他们先练习,而我,就和同学聊天去了,甚至自以为可以考很好。

时间很快就过去了,都到三十几号了,我这才紧张起来,赶紧拿起球来练。不知是运气不好,还是水平不行,投了十个球,一个也没进,而我的手心已全都是汗。怎么会这样?周末去练的时候不是还好好的吗?怎么就一个不进了呢?越急,就越投不进,甚至连篮板都碰不到了,看着球一次次远离篮筐,我的信心和耐心也一点点地被磨光。"马上到你了。"同学的声音在耳边响起。"哦!"声音小得连我都快听不清楚了。

前面的叶祉一个也没进,我也在担心,自己是否也会像她那样,怎么办?怎么办?"没事的,还可以补考嘛,你行的,相信自己哦。"朋友的鼓励,使我有了一点儿信心。

拿起球,做好姿势,"啪嗒",球落地,投偏了。这时,我的脚也有了一丝颤抖,球也拿不稳。"我真的不行吗?"周围人的目光,似乎带着一丝嘲笑。第二个球,就差那么一点儿,原本满心期待也以为会进的我,失望了,球,似乎在捉弄我。"加油哦。"朋友在一旁鼓励我,可,球和我又开了一次玩笑,又是差那么一点儿。只剩七个球了,及格还要投进三个球,我不再奢望能够得到优秀,只要及格就好。可,连这最简单的希望,球也不愿满足我,又是偏了。我不再对它抱任何希望了。

于是,我放松了,投不进也没什么,顶多就再补考嘛。没想到,在这种情况下,居然进了一个球!这也使我信心大增,不再紧张,而是很放得开,竟接连进了四个球。十个球投完,连我都不敢相信,最后的四个球,我全进了。我还不由得捏了捏自己,还好,不是梦,嘴角不禁往上扬,"呼——"原来放松是最好的方法。

平时的考试,我们都会特别紧张,担心考不好,没复习到位,其实,不妨把心放松,放手一搏。有时候,其实知识都会,只是太过紧张,脑子一时"短路",想不起来了。只要你有真才实学,尽过自己百分之百的努力,就不要紧张，放松地进考场，自信地做题目，就不要再去担心成绩。

　　这次的篮球考试，也给了即将迎接期中考的我一个很大的提醒：不要紧张，放轻松。

墨香如茶

邱雨璇

小女子乃顽狐一只,桀骜不羁,却好品香茗,独爱书香。羡慕江南女子如水般的温柔与娴静,玉指轻提,皓腕轻抬,一股清绿滚热的水流注入杯中,一阵淡香扑面而来,在空气中轻盈流转,转瞬更为浓香,一次比一次馥郁香醇。

由古至今,书卷与香茗总是相随相伴。古有赌书泼茶,今看说书品茗。有人说,茶中沉浮五味人生。的确,墨香与茶香相融,清香袅袅白烟缭绕,笑看浮生,执卷品茗,岂不快哉?

小时候,我就与书结缘。父母工作繁忙,一个人总是无聊,幸好认识些字,家里书籍倒也不少,看些小故事小文章,也不至于太过无趣,且能打发些时间。抱着这样的念头,我捧起了第一本书,从此就一发不可收。

岁月如白驹过隙，多年过去，我依旧爱书如命。可是当我偶然回忆时，却怎么也想不起当初沉迷书海的理由了，但所幸的，我依然爱书。

这么久以来，我的生活里似乎充满了书的身影，所有的回忆仿佛堆满了书的影子。这么漫长的岁月，无论清晨深夜，无论欢乐悲伤，它一直陪伴在我的身边，从未离开。

在我满脑杂乱、毫无思绪的时候，坐下来，静静地捧上一本书，总会使我迅速地平静下来，沉醉在或欢乐或忧伤的故事里。待到故事完结，梦境终止，才意犹未尽地醒来，回想着那一幕幕动人而恍若真实的场景，细细品味着作者的心境，和字里行间所溢漫的情感，以及那或若有若无，或张扬锐利的现实与沧桑。

在我心烦意乱、焦躁不安的时候，压下性子，捧起书来耐心地看，渐渐地，原先的焦躁、忙乱，慢慢随着时间消散，心境意外的明朗，整个人格外的清静和安心。

一本好书，作者往往透过或轻灵或肃穆的文字，以他们的经历和眼光，给予我们最为真挚的传授和引导。以他们独特的价值观、人生观和犀利的言论来批判这混沌的世界。

厚积的书堆散发出隽永的清雅，动人而香醇，静品其中人生百味。

舒卷的茶叶喷散着微微的苦涩，宁静而清香，淡看人间谁主沉浮。

人生如棋，墨香如茶。

今夜我想说说心里话

冬 天 之 美

林静雯

冬天里的阳光是昂贵的。

在那片灰黄色的枯草地、白细沙的河滩，或者亮丽的阳台和走廊上，把自己摊晒在阳光中，任那暖烘烘的金色穿透厚重的冬衣，从里到外把周身浸透……那时候，你感觉自己就是一棵树，一根藏在土中的草芽，或者一只沉入冬眠的小动物。你会告诉自己：醒来吧，萌发吧，再生吧，延续你生命中所有的幸福与痛苦！

最喜欢冬天了，不光因为它的纯洁无瑕，更因为它的阳光让我感到温暖，给我一个好心情。

可是，今年的冬天却是格外的反常，一连就是好久的阴雨天，全身的细胞就快要发霉了。郁闷，真是郁闷！童年的时候，也是在这样的阳光昂贵的冬天，我曾幻想着像小动物储存过冬的食物一样，把阳光储存起来。我想着用一只瓢，舀起阳光，装进一只密封箱中，然后可以在朔风呼啸的雪天，倒出来享用。

冬天的阳光照在身上，很暖、很温馨。

仰望天空的时候，看到柳絮一样的流云，淡薄而疏落地挂在天幕上，隐隐透着淡淡的蓝。那个瞬间，感到天地间静默而美好。

曾以为透明意味着虚无，却渐渐发现其中糅合着淡淡的色彩与内涵。透明的蓝，透明的紫，透明的喜悦与忧伤。淡淡从容的心情。

曾以为透明是脆弱的象征，玻璃一样的易碎。却渐渐悟出，它是如此坚韧——那种单纯的快乐和自由的宁静。一如那自由自在的闲云，那个牵动我心的水晶苹果，那站在风中凛冽而清凉的纯净感觉。

所有这些，都是冬阳赐给我的。

冬天，虽然伴随着严寒与凛冽，可是依然不乏美丽之处。它的美不喧嚣，不像春天的那样张扬，夏日的那般火热，秋日的那样琐屑。它需要真正懂它的人才能体会得到。

冬天的阳光是昂贵的，它是生命和幻想的呵护者。它给我的心，留下了一抹绚丽的温暖。

今夜我想说说心里话

王妍瑄

你撑一支长篙,载着我们向青草更青处漫溯。

——题记

课上的您,光彩熠熠,时而慷慨激昂,时而娓娓道来;课后的您,平易近人,时而严肃认真,时而活泼可爱。老师,我发现没有一个词可以衬托出您的好……

老师常常告诉我们,比海更宽阔的是天空,比天空更广阔的是人的心灵。无边的心,无尽的理想,这不是贪婪,而是在追求中抵达永恒。永恒并不是名垂千古,泽被苍生。就算是山谷里一株无人知晓的小草,在它吸收雨露,感恩春风,最后化为泥土后,在无数次的生命轮回中,也完成了它的永恒,那来年的新绿便是最好的见证。

可亲爱的老师,您的一生中到底可以见证多少轮回?我陶醉在您的"轮回"里,您的眼睛也时常出现在我的梦中。

您含辛茹苦地送走一届又一届的学生,待到光滑的眼角生出了皱纹,待到乌黑的两鬓生出了银丝,桃李满天下是您的追求吗?不是,不是的,您要的是无愧于心,无愧于每一位学生,将毕生所学传授。您就像一根红烛,慢慢燃烧自己,给我们带来了光和热,让我们在黑暗的寻梦之路上不那么无助。我把您比成大桥,因为您为我们连接被割断的山峦,让我们走向收获的峰巅;老师,我更要把您比作蚌,那我们学生便是蚌里的沙粒;您用爱去舐它、磨它、浸它、洗它……经年累月,沙粒便成了一颗颗珍珠,光彩熠熠。您的爱,太阳一般温暖,春风一般和煦,清泉一般甘甜。

即将毕业的我,突然发现老师更憔悴了,更温柔了。时常用不舍的目光凝视着我们,时常用循循善诱代替劈头盖脸的责骂。不是放弃我们,是他们实在不舍,在最后的十几天再让我们难过。就算要离开,我也不会忘记老师们。严肃的数学老师,在说"同学们好"的时候总鞠90°的躬;可爱的英语老师,嘴里时常塞满了饼干或是苹果;慈厚的体育老师,说话时总带着浓浓的乡音……

您撑一支长篙,带着我们寻梦,满载一船迷人的星辉……

让我们为您放歌……

借我一双慧眼

樊可进

现代社会已经进入了信息大爆炸的时代，有了报纸，有了电视，有了电脑，尤其是拥有了互联网后，人们告别了信息闭塞的时代，可以做到不出门而可览世间万象。而现在的人们却在想：如此多的信息，我们应关注些什么？

在纷繁复杂的信息中，鱼龙混杂，良莠不齐。如果我们关注有益的、健康的信息，那么，快捷的信息将会使我们受益无穷；但是一旦沉迷于一些没有意义的、甚至于伤害精神健康的信息，后果就不堪设想。

一、无聊动画伤神劳心

在日韩动画泛滥的今天，许多同学仅仅关注于电视上的一些日韩动画。关注动画并不是不可以，但一些同学们对动画竟然走火入魔,整天茶饭不思,只考虑电视上的动画人物。以至于哈日哈韩,对日韩文化顶礼膜拜,殊不知日韩文化还是起源于中国。更有甚者,无心于学习,以至于学业荒废,令人扼腕叹息。这就是关注对象选择错误的恶果!

二、疯狂追星身心俱疲

现代社会已经进入了"泛偶像时代",各种各样的歌星、影星层出不穷。我并不反对听歌看电影,但是对明星的疯狂崇拜,却不是一个有理性的人之所为。追星族们仅仅关注自己崇拜的明星的一言一行,甚至去刻意模仿,这直接导致他们的精力被无聊的所谓娱乐新闻所占据,而浪费。他们的价值观也很有可能因此扭曲,产生畸形的人格。这也是关注对象选择错误而产生的恶果!

三、不良信息无孔不入

网络社会的信息琳琅满目。许多不健康的信息混杂其中,凶杀、暴力、色情、赌博等,会让人坠入深渊的不良诱惑,时时刻刻在网络中进攻着你的神经,一旦你的神经不够坚强,你极有可能陷入魔鬼的包围之中。如果你错误地关注了它们,这就像"潘多拉"的盒子打开了,它将会一步一步侵蚀你的精神、掏空你的肉体,使你完全沦为它的奴隶,让你成为它的仆人。而你的思想将会变得不可控制,最终的结果就是你将会走上违法犯罪之路。当你幡然悔悟时,已不能自拔。这依旧是关注对象选择错误而产生的恶果!

四、敢问路在何方

面对无数的信息泡沫,我们应该怎么办?

借我一双慧眼吧!

让我的眼睛分清善恶美丑,让我的眼睛看清路在何方!

要抵挡垃圾信息的进攻,"出淤泥而不染,濯清涟而不妖"当然是最好的。这就需要我们有很高的个人修养和健康的生活情趣。

卓越的自控能力是我们面对诱惑时的有效武器。只要有它在,"达摩克利斯之剑"就永远不会出鞘。

在信息时代中,我们青少年最需要关注的是了解国际时事、科学知识,认知人生真谛、培养有益的兴趣爱好,让我们的生活更美好。

最后祝愿朋友们选择好自己的关注对象,让网络和信息使我们的生活充满阳光。

那一次，我读懂了信念

黄桢翔

信念，让我们在绝望中坚持；信念，让我们看到黑暗中的亮光；信念，让我们打开成功之门……一个人不能失去信念，因为只有信念，才能给人生带来希望。

去年八月，我与家人一同拜访了佛教圣地——西藏。那儿天空广阔，建筑别致。佛教圣殿大昭寺更是让人流连忘返。不过，令我印象最深刻的不是那景、那寺，而是那特殊的一群人。

三步一拜，双膝跪地；五步一叩首，四肢贴地。这样的行走方式你认为容易吗？别说我们中学生，就是健壮的硬汉在海拔超过四千米的青藏高原上，这样走几步，也会感到全身乏力，四肢酸痛。可就有这么一群虔诚的信徒，他们在青藏高原上就这样跪地叩首，一步步完成从林芝到拉萨四百多公里的壮举。而支撑他们的，就是他们心中坚定的信念。

在大昭寺门前,我们遇到了一群从林芝来的信徒。从对话中我知道:他们原来一行八人,两年前从林芝出发,今天才到大昭寺。现在他们只剩下了三人,其他五人都因各种原因去了天国。"你们这样千里迢迢到大昭寺朝圣,路上又是如此艰辛,就从没想过退却吗?"父亲用不太流畅的藏语问道。"不,从未有过!哪怕是我的父亲、叔叔在路上因过度疲倦而离世的时候!"一位中年人回答道。"那又是什么让你走到了今天,走到了大昭寺?"我吃惊地问道。"因为我们藏民一生最大的愿望就是能徒步到大昭寺朝圣一次。哪怕死在路上,也算得上功德圆满去见佛祖。在我们每一个藏民的心中都有一个这样的信念,它让我们一步一步走到了这儿……"这位朝圣者那刻满风霜与沧桑的脸上,洋溢着一种完成神圣使命的幸福与满足。多么强大的信念啊!他们没有任何偷懒,不要任何回报,历经千辛万苦,怀着一颗执着的心,克服重重困难,越过千山万水,只求能到佛前献上自己今生虔诚的三炷香。即使死在路上也不算什么。

虔诚的藏民们不可思议的壮举,让我读懂了:信念无敌!他们行走的身影告诉我:只要有信念,什么事都难不倒人!

天使的琴声

李馨怡

如果世界上真的有天使存在,那么我相信,这个弹奏钢琴的小女孩儿就是不慎跌入凡间的天使。

——题记

夏季的一天,我去找好友。约好了在她家楼下会面,我提前到达约定地点,轻轻倚在冰凉的墙上,繁茂的树冠为我撑起一片绿荫。我闭上双眼,享受着夏日中少有的清凉。

不经意间,一阵钢琴声悠悠地从高处传来。从轻快的节奏和变化的旋律中可以看出,这支曲子有一定难度。我循着琴声抬头,琴声大概是从五楼的位置传出,窗户虚掩着,琴声从窄窄的缝隙中涌出,流淌下来。这琴声忽强忽弱，摇摆不定，像风中摇曳的烛焰，显得唐突而不自然。不时还会有几个淘气的错音出来扰乱全曲。断断续续的琴声勉强拼接在一起，就像把各种模样的珠子串成一串不协调的项链。

我微微颦眉，听着这稚拙的琴声倔强地组织成一段又一段并不动人的音乐。等得有些不耐烦了，我索性上楼。我路过了传出琴声的房子，也许是有事吧，门敞开着，宽敞的客厅摆放着一架纯黑的钢琴，正在弹钢琴的是个小女孩儿。难怪是稚拙的琴声。

在好友家坐了一会儿，我们一同下楼。听见琴声，朋友略带伤感地说："在弹琴的是一个眼睛看不见的小女孩儿，她每天都要练习好几个小时的钢琴，她说，她想成为音乐家。"霎时间，我愣住了，情不自禁地转过头。目光再次透过敞开的门，落在这个女孩儿身上。

她静静地坐在钢琴前，柔顺的长发轻轻遮住肩，象牙色的皮肤衬出精致的五官，雪白的长裙勾勒出修长的倩影。她的手在不停地感知琴键的位置，每按下一个琴键，细细的眉便微微皱起，似乎每个音符的产生，都是一个艰苦的历程。只有凑成一小段旋律，女孩的嘴角才微微上扬。

瞬间，我的心灵被一种力量深深震撼。眼前这个平凡的女孩儿，在命运的不公面前并没有低头，而是用她柔弱的手指，奏响执着的颂歌；眼前这个渺小的女孩儿，在无限的黑暗面前并没有胆怯，而是用她的纤细的手臂，探索内心深处精神的闪光。那回荡在空中的，是不屈的音符在高声歌唱；那黑暗吞噬不了的，是活跃着的、坚强的生命。

这琴声，融入了精神，融入了灵魂，是对命运的宣战，是对黑暗的反抗，是对光明的呼唤。我没有听过比这个女孩儿的琴声更美、更动人的声音。

如果说世界上真的有天使存在，那么我相信，这个弹奏钢琴的小女孩儿就是不慎跌入凡间的天使。因为天使不一定有十全十美的躯体，但天使一定有超凡的信念与绝尘的心境。

我静静地离开了，渐行渐远，但那仿若天使动情揍出的琴声却在身后如丝如缕般缭绕不绝，一句一句叩击我心。

自然引领我成长

叶逸文

我们生存在这地球上,形形色色的事和物潜移默化地改变着我们。就如灾难可以让人恐惧,游戏可以让人沉迷,权力可以让人堕落……我们在繁忙的工作、学习中,是否有去注意一些早就习以为常的事呢?

自然,人类早就见识过它,却对它不甚关心,有也只是对天气的关注罢了。但我认为它包容万象,引领着我一步步地成长。

我在自然中领略到了雨的多变。雨,时而轻柔妩媚,像一个柔弱的小姑娘;时而挟着雷霆之威来到人间,像是在向人们展现它不可侵犯的威严。我就在雨中知道了应如何待人,何时应柔,何时应刚。

我在自然中看到了海的宽广。海,在人们的心目中多数想到的是尖锐不可阻挡的怒浪,但是又有多少人发现了海那伟大的包容之心？我相信，当我们向海远望的时候，不论心中有再多的烦恼都会烟消云散。就像将烦心事都投入了无际的海中，乘着波浪渐渐远去，消失在海天的尽头，让海容纳着所有的事物，荡涤着我们的灵魂。我就在海中知道了人应当有一颗包容、宽广的心。

我在自然中看到了不可一世的雷。雷，以那么不可一世、嚣张的态度降临到了人间，给予人们无可匹敌的气势和恐惧。但，他并不能存在多久，他只能在那一瞬间耀出最亮的光芒，尽情地咆哮，在绚丽下得到解放。我就在雷中知道了人的一生不在乎是否长短，而是在于他的贡献，在于他能否展现出自己最耀眼的一面。

我在自然中找到了宁静的夜。夜，是那样的迷人美丽而又神秘。夜空中群星衬托着月。但我认为美的不是月，是甘心陪衬的星星。我就在夜中知道了美好的事物和赞赏的目光不一定要投给那高高在上的事物，它的身边也有美的存在，更迷人，更美丽。

自然引领着我成长，给予我做人的道理，让我学会待人，学会包容，学会奉献，学会看清美丽……

自然的旋律，我听懂了，很迷人。

聆听，倾听；欣赏，心赏。

猫

黄跃强

一个周末的中午,我像往常那样写作,吟诗。做完一切事情,我惬意地伸了一个懒腰,正准备上床午休。将脑袋轻轻地靠在枕上,忽然我感觉头发像长了跳蚤一般瘙痒,热得直冒汗,起来一看——靠着的是一个毛茸茸的肉球,原来是猫!我大吃一惊,赶忙冲进浴室,用洗发香波使劲地搓着,用清水冲刷着被猫毛污染过的头发,生怕我头上多生跳蚤。

我真是气恼极了,该死的猫,害我浪费了这么多水资源和洗发香波!

"死猫,给我下来!"我气急败坏地吼道。猫呢,看都懒得看我一眼,蹲在床头继续做着美梦。我又气又无可奈何,只好到客厅的小床上睡觉了。

这只长毛猫肥嘟嘟,不说身上,四肢,就连那张大脸也富有着肉感，纯白的毛，没有一点儿杂色，它有一对奇怪的双眼——左边那只是黄色的，右边那只是蓝色的。

这只猫是我在路上捡来的，出于一种怜悯之心，我用好鱼好肉招待它，所以它长大后不仅很肥而且很懒惰，既不捉鼠，又嗜睡嗜吃，当初真不应该收养它，想起来，真是悔之晚矣。

我从冰箱里拿出一条鲫鱼，中午准备做汤喝。这只猫望着这条鲫鱼眼冒金星，直盯着它——见它轻轻地一跳，那肉垫似的爪子就稳稳地落在桌子上，转眼间叼走了鲫鱼。我生气极了，吼道："你这个吃里爬外的贼！"许久，我发现它在我家的阳台上惬意地晒着太阳，我气急败坏，用手用力拍了它的背，痛得它直发出"咪咪"的呻吟声，它连逃带窜地跑了，瞬息消失在了我的眼前。

数日，我在阳台上发现了一只山鼠，我发现它已经断气了，啊！我高兴坏了，山鼠又肥又嫩，肉质极佳。从阳台底下传来了"咪咪"声，我往下看，原来是我家的那只猫，它消瘦了许多。我突然明白了，我的内疚感油然而生，说："咪，回家吧！我会好好待你的！"它用延长了的叫声"咪呜——"向我道别，不久，这里只剩下一只山鼠，连背影也不见了，我伤心极了，恨自己虐待了一只不会说话的动物！

我再也没有见过它。

曾经它吃过我一只鲫鱼，今天它还我一只山鼠。

它是一只活得很有尊严的猫！

我家宠物的故事

林 越

我家养过两只仓鼠,但结局都是悲惨的,让我第一次感受到失去亲人的痛苦。

那一次,我买下了一只汤圆大小的仓鼠,它的毛软绵绵的,如一个黄白相间的布丁。因此,我常常捧它在手心里,抚摩着它。渐渐地,它吃得越来越胖,已快有我手掌大小。它只要看见我手里的面包虫,就欣喜若狂,在笼子里乱跑。于是我就在笼外来回地拖摆着,它双脚站地,双手张开跟着我的手走,但由于平衡力不好,总会翻一个跟头,玩够了后,我就将面包虫一扔,它就像发现了宝藏,两眼放光,兴冲冲地跑过去狼吞虎咽。

不久,我发现了个问题,它没有什么东西可玩,日复一日地重复吃饭、睡觉这些事情,我也很少有时间可以陪它,于是,我毫不犹豫地为它又买了一只仓鼠,以解决它的孤独问题。

这只不速之客进入了它的地盘后,"客人"一直紧跟着它,凑到它旁边,或许是想建立好关系吧,但它始终不理它,只顾做自己的事。我想,过会儿应该就好了,于是我去上学了,心情十分愉快,出门时,我听到了叽叽的小鸟般的声音,清脆悦耳,婉转悠扬,仿佛在为这两只仓鼠有了同伴而欢呼。

但放学回家的一幕却让我大吃一惊,——血淋淋的一块,新来的那只被咬死了,而另一只还在睡觉。那时,我觉得它是那么残忍,竟没有一点儿愧疚。我查了资料,原来两只仓鼠不能放在一块儿,否则先到的会认为对方是来争夺地盘的,从而挑衅。我恍然大悟,出门前的叫声,并不是小鸟的声音,而是它们打架时对方无力还手发出的悲鸣。回想起来,那声音是那么刺耳,是针,刺伤我心灵的针!

我认为是我对不起它,当初做事太轻率,买了它;是我让它失去了生活的权利;是我借另一只仓鼠之手,使它丧失了生命。

这件事不久,原来那只仓鼠也死了,我十分痛苦,我为这两只死去的仓鼠祈祷:愿你们在天堂能快乐地生活。

两只小动物之间发生的故事,使我受益匪浅。我们不能盲目地做事,要先了解特点,再有计划地执行;两个人的立场不同,就会对同一件事看法不同,发生争执,处理不好争执升级,从而导致武力的发生。

最单纯的时光

叶 倩

成长如诗，岁月如歌。时光悠悠地沉淀在记忆的长河中，一层叠着一层，当它堆积到河面的时候，压得你透不过气的时候，你是否还记得那最初的单纯与美好。

"三轮车，跑得快，后面坐着个老太太，要五毛，给一块，你说奇怪不奇怪？"当我牵着妈妈的手，第一次走进幼儿园的时候，见到的场景就是一群小朋友整齐地排列在操场上，一边说一边跳地唱着这首童谣。一番交谈之后，妈妈在我不舍的眼神里慢慢走远，老师则把我安排到队伍的最后一个，让我跟着一起唱。那时的我剃着只有男孩子才剃的板寸，又特别胆小，有时就算穿着裙子走在街上也会有小孩管我叫小哥哥，而我也只会委屈地叫妈妈。我怯生生地站到最后一个，不知所措。这时，我前面的一个小女孩儿转过来对我说："你是新来的吧？你跟着我的动作做就行了，我教你！"就这样，我交到了在幼儿园的第一个朋友，也是在幼儿园里最要好的朋友——小虹。

认识了小虹，就等于开启了我幼儿园的调皮捣蛋史。偷老师的铃鼓；把所有颜色的橡皮泥揉成一团，再放到其他小朋友的盒子里；趁老师不注意，把不爱吃的皮蛋稀饭倒回饭桶里等。但每次我们俩都能凭借乖巧的外表逃过一劫，幸免于难。

如果说是小虹带着我干完了所有在当时的我看来简直就是"大逆不道"的事情，那允洁与小晨就是陪伴我度过了那三年里的每一个午后时光的人。

幼儿园时吃完午饭后有午休。虽说是午休，但真正休息的却没有几个。我与允洁、小晨睡在上铺，小晨睡在我与允洁的中间。那时，老师为了防止小朋友们讲话，就让我们睡觉时一个人头朝里，一个人头朝外。我与允洁恰巧分到了头朝内的那一个。于是我们总趁着午休时玩，有时聊天，有时猜拳，可小晨总是告发我们。我与允洁绞尽脑汁，连比哑语都想到了，可敏感的小晨总能发现。那三年里，每个午后总是在我与允洁变着花样的玩，小晨一成不变地告状中度过。

那时的我们像一朵朵没张开的花蕾，青涩、单纯。那时的友情像一缕缕天空中的阳光，真挚、热忱。幼儿园毕业后，我虽与小虹上了同一所小学，但由于班级不同，感情也渐渐淡了。后来听说允洁因为年龄不到，留园了一年，小晨则因为成绩优异，跳级了。虽然如今的我们已各奔东西，但每每忆起那单纯的青涩时光，心中总能感受到与那时一样的温暖、感动。

最快乐的时光

曹 钰

时光老人,请你走得再慢些吧!慢些吧!容我在这快乐的童年时光留恋得再久些吧!久些吧!

春——田间嬉戏时

小时候住在河畔的人家,各家各户在河边都有一方小小的田地,而那自然成为孩子们玩耍的乐园,专属于我们的百草园。狡猾的田螺躲在石块下,美丽的蝴蝶立在花丛中,偷懒的小鸟依靠在树枝上。我与儿时的伙伴们就这样,在春风的轻抚下,在如画的春色里,在河畔捉蝴蝶,在河里摸田螺,听着小鸟在枝头歌唱。有时候我一不小心,一脚扎进淤泥里,裤脚都脏了、湿了,焦急不已,生怕回家被父母责骂,一旁的小伙伴则在幸灾乐祸的嬉笑中跑远了。待我们玩累了，笑足了，已是傍晚时分，每家每户都炊烟袅袅，于是东家拔点儿葱，西家拔点儿蒜，一前一后，一深一浅，在大人的吆喝声中，各自回家。田园嬉戏，炊烟袅袅，汇成了一幅春的图画，那便是记忆中的快乐时光。

夏——河里游泳时

南方的夏天总是异常闷热，每当这时候，我与伙伴们最盼望的就是父亲骑着摩托车载我们去县城边的河里游泳。宽阔的河面，河水或急或慢地不停流淌着，人虽然没有游泳馆那么多，当然也没有那么多束缚。来到河边，换上游泳衣，一下猛扎入河水中，全身清凉，便洗去那夏日的闷热。我与伙伴们在水中打水仗，有时处于弱势，只好躲进水里灰溜溜地逃走；有时大获全胜，又骄傲地"追敌数千里"。小河里的追逐打闹，洗去了夏日的闷热，那便是童年时的快乐时光。

秋——河边钓鱼时

秋天是收获的季节，鱼儿自然也长得十分肥美。每到这个季节，我便收起所有爱玩的性子，陪着舅舅带上渔具，到门前的河边钓鱼。钓鱼是要很有耐性的，有时一坐就是一下午，可能毫无收获，但只要钓上了鱼，不论大小，我都要第一个去抓，然后率先跑回家炫耀，仿佛我才是那钓鱼的人。竹篓中的鱼儿代表了秋天的收获，那便是心中的快乐时光。

冬——围坐火炉时

南方的冬天自然是少雪的，记忆中在雪白的雪景中堆雪罗汉也仅有一两次罢了。更多的则是一家人围坐在火炉边烤火、聊天。在这个寒冷的季节，暖暖的火炉，亲切的言语，彼此的心仿佛比以往更近了。屋外寒冬烈风，屋内其乐融融，冬天里那不灭的一把火，便是永远的快乐时光。

春，田间嬉戏时；夏，河里游泳时；秋，河边钓鱼时；冬，围坐火炉时，那便是我童年时最快乐的时光。

最漫长的时光

杨玉顺

> 感谢那最漫长的时光,让我接受了一次痛苦的洗礼,成长的历练,使我体味了奋斗的艰辛,坚持的可贵。
>
> ——题记

每当我望见运动员在烈日蒸烤的跑道上挥汗如雨时,便不由自主地想起了那次经历过的最漫长、最痛苦的时光。

带着青春年少的冲动与热血,我在父母的鼓励下勇敢地向被人们称作"魔鬼地狱式长跑"的一千五百米长跑发起挑战。神情专注的我紧盯前方,望着前方彩旗招展的跑道自信满满,只待那激动人心的出发一刻。殊不知,接下来等着我的便是对于从未练习过长跑的我来说严酷的考验。

"砰"，枪声惊天动地的爆响，我按捺着无法按捺的激动心情如离弦之箭般直冲出去，心潮翻涌，热血沸腾，获奖的激动与兴奋激荡着年轻的心灵，耳边风声呼呼作响，身旁彩旗猎猎飘扬，阳光灿烂，白云飘飞。我的心轻快得早已飞向九霄云外，只是不顾一切地向前冲。

然而，良好的自我感觉并未持续多久，不知何时，我的速度逐渐变慢，脚步逐渐减缓，身体也不如之前那样灵活自如，呼吸困难，头晕目眩，全身肌肉疼痛难忍，浑身上下大汗淋漓。腿似灌了铅般沉重，几乎寸步难移；胸膛若有铁块紧紧重压，简直难以呼吸。顿时我觉得那温暖和煦的阳光突然变得酷热难耐，恶毒地炙烤着我；那温婉可爱的云彩瞬间变得满目狰狞，怒视着我。阳光无情地直射下来，若利剑刺穿皮肤，把眼前的一切照得明晃晃的刺目。我已汗流浃背，气喘如牛，筋疲力尽，痛苦欲死。汗水不分时宜地滑落，眼中的世界顿时一片模糊，随后愈发严重的眩晕感开始令人作呕。窒息、干渴、疲劳的痛苦若死神的魔爪般紧紧攫住了我。多么想，多么想躺倒下去呀！休息与放弃的念头越加强烈，消磨着我的意志，麻痹着我的神经，但是，不能放弃！无论有多么痛苦，多么艰难！坚持就是胜利！我狠狠地咬了咬嘴唇，甩了甩头发，朝着前方，拼命冲去……

接下来的几圈简直有如一个世纪，漫长、痛苦之至。

至今我只依稀记得在那之后，我只知道低头向前方奋力拼杀，将一切置之度外，只知道不停地跑，跑，跑，只知道拼命地跑，跑，跑，千万别停下，千万别倒下，直至凭毅力撑完全程，自豪地骄傲地冲过那鲜红的终点线，开怀大笑，欢呼雀跃。

每当我望见在跑道上挥汗如雨的运动员时，便不由自主地想起了那次经历的最痛苦、最漫长的时光。但正是要感谢这最漫长的时光，让我接受了一次痛苦的洗礼，成长的历练，体味了奋斗的艰辛，坚持的可贵。

最喧闹的时光

郭婉婷

最喧闹也最令我难忘的时光并不是在家里,也不是在幼儿园,而是在小学。构成这喧闹时光的种种声音,都在我的脑海中挥之不去,变成了正在进行时……

正在打鼓时……

穿着白色的军装,戴着军帽,背着小军鼓,挥舞着鼓棒,站在市政府门口,打着欢快的鼓点,与管乐队的各位兄弟姐妹一同迎接领导和优秀教师,这是一件多么值得骄傲的事。与站在对面只懂拿着花挥舞,喊着"欢迎欢迎,热烈欢迎"的同学相比,我们显得多么神气威武,多么厉害啊!

一首《迎宾曲》完了,又来了一大批的领导。我们好似久经沙场、训练有素的士兵，镇定自若地听着指挥的命令又来一遍。正在打鼓时，虽然背着大约十斤的小军鼓很累，但仍是很快乐。虽然手很酸，磨出了疱，但仍不放弃。虽然心情不好时，会觉得很吵，但也无法割舍。比起乐器与乐器间优美的合奏，我更喜欢独自一人打鼓时的喧闹与成就。我喜欢鼓，喜欢打鼓，打鼓时光十分喧闹，却又十分难忘。

最喧闹的时光——正在打鼓时。

正在播音时……

一首肖邦的夜曲过后，只听"用我们清新的声音敲响校园的每一个拂晓的宁静，用我每一个笑容迎接校园里的每一张面孔，伸出你的手，伸出我的手，让我们相会在广播中……"一天的播音拉开了序幕。伴随着时而疯狂时而静谧的乐曲，有声有色的校园生活变得更加有趣。最喜爱的自然是播音声，不仅因为我是一名播音员，还因为这些也许扰人心烦的声与播音声是唯一能使我平静的方法。播音声虽然有时十分喧闹，但却能使我平静。

最喧闹的时光——正在播音时。

正在开会时……

"丁零零"放学了,又得拖着疲惫的身躯去开会了。也许是大队长不会组织,开会时仍是喧闹。而这样的喧闹恰恰使会议不再枯燥无味,改变了传统的会议模式。开会时虽然十分喧闹,但却又使我轻松。

最喧闹的时光——正在开会时。

哪怕有一日告别了小学的这些喧闹的时光,我也会努力向前,就像小军鼓打的《进行曲》,就像播音时的从不间断,就像开会的坚持。我想,这喧闹的时光会使我学会很多。同样,它也会永远储存于我的记忆宫殿中。好怀念这最喧闹的时光呀!

做个完美的人

张书宇

在校园里,我们常有这样的感受:"优秀往往易交友,差劣往往难交友。"是的,只有品学兼优的人才会被人羡慕敬佩,而那些品行低劣的人则遭人毒贬。自然,人们一定会选前者,我也不例外。我想做个品学兼优的人。

品优的向往

在校园生活中,都往往有一些人能够与人融洽相处,他们,依靠的正是优秀的品质。就像三国时期的刘备吧,他爱国爱民,善用人才,广收民心,其中,最典范的便是"三顾茅庐"。刘备三请诸葛亮,感动了诸葛亮,诸葛亮才肯出山辅佐刘备。他也深得平民爱戴。在现代生活中也是如此,拥有良好的品质,才能与人融洽相处。你说,谁不想做品德高尚的人啊！

学优的追求

同样，在校园里，经常被一群人簇拥着直喊"学霸"的人，他们依靠的，是优异的学习成绩。"学霸这次又测了全对！""与学霸交友，必定考好！"这些都是同学们对成绩优异者的啧啧称赞。而老师的称赞，则比同学们的要强烈得多。"你们看看，我们班的学霸又测全对，你看看你们，是没复习吗？哼，恐怕是没用心吧。错得一塌糊涂，与学霸简直是天差地别！"看吧，这就是成绩优异者的待遇。你说，谁不想做成绩优异的人啊！

品学的感悟

幻想着自己是品学兼优的人还不如去实现它。《伊索寓言》中《乌龟与老鹰》的故事告诉我们，不切实际的人必将失败，不是吗？所以，我们要坚持不懈，勤奋好学，培养品性，执着求索。那么，品学兼优还会远吗？

是的，在黑暗中幻想着光明而碌碌无为，还不如将地上的木棒捡起，用石头擦出明火，走出困境。欲做品学兼优的人也是一样，盲目地幻想不切实际，还不如去实现它。难道要停在原地宁愿接受风雨的挑衅也不愿迎着风雨前进吗？前进，前进，直到春天抚摩着你时，你或许已经成了品学兼优的好学生，回过头看看吧，你走的路是有多么漫长……

真想做个平凡的人

陈智璐

"你当然不难过！你考得那么好，老师家长都喜欢你，你怎么会理解我们这些差生的苦？别来炫耀了！"听着同学们一片的附和声，我的心里充满了委屈。唉，平凡真难！

一直以来，我的成绩就挺不错。因此，虽然老师、家长都夸我是好孩子，但是同学们却总是疏远我。我的周围有一片赞扬声，可谁又能理解"学霸"的烦恼呢？

那是六年级的半期考。公布成绩的那天，许多同学因为没有考好而十分难过，教室里一片唉声叹气。而我考得还不错，不禁喜形于色。好朋友小艺因为没考好，趴在桌子上伤心地哭了。我走过去安慰她说："小艺，别难过了，吸取教训，下次你一定能考好！"可她却猛地抬起头，甩开我的手，大声喊道："你别假惺惺了！我知道你又考得很好,干吗要来炫耀呢?你就非要来嘲笑我们这些差生吗?"她话音刚落,同学们都议论道:"这人真是的,考好了就来嘲笑别人!""就是,总是爱炫耀自己的分数,生怕别人不知道似的!"

同学们的话语深深地刺痛了我的心,仿佛晴天霹雳,心里沉重得好像放进了一块大石头,鼻子也发酸。我不由得攥紧了拳头,心里一片委屈:"我做错什么了?只是好心安慰她而已,难道考得好也是我的错?"我一声不吭地回到座位上拿出书来看。可同学们又嘲讽道:"真能装!装着这副爱学习的样子是给差生看的吗?真是让我们自愧不如!"我受不了,扔下书冲了出去,眼泪不由得涌出,委屈得无法形容。平凡真难!

这样的事发生了不止一次。有一天下午,我去学校的大队委开会,课上了一半才回到教室。和我一同进教室的还有另一位同学小兰,老师知道我是去开会的,便招手让我进来,却生气地让小兰抄一篇课文。放学后,小兰委屈地对同学们大声说:"老师真偏心!就不罚好学生!"

我听到后,急忙向她解释:"不是,我是去开……"她却无视我的话,走开了。同学们的眼光像利剑一样扎在我的心上。

回到家之后,我向妈妈倾诉。可妈妈却说:"这有什么?只要你成绩好了,老师喜欢你就好。"妈妈的不理解,同学的误会,使我心中委屈万分。该怎么办呢?我多想做一个平凡的人啊。

　　平凡真难。谁都以为好学生就是好，可谁又能理解好学生的委屈呢？我多希望同学们都能理解我，接受我，而不是因此疏远我。我真想做个平凡的人！

我有一个梦

艾泽凯

如果你问我想做个怎样的人？那我一定会告诉你："我真想做个有心人啊！"也许你会很疑惑："每个人不都是有心的吗？"那我会进一步告诉你"此心非彼心也"。对于我来说，我一定要努力从以下几个方面做个有心人。

在小事中做个有心人

父母经常夸我很懂事，会帮他们做些力所能及的事。但有时又总会因为我不长记性而让他们有些小失望，譬如：

"今天你放学回家路上帮我带一瓶酱油回来，家里的酱油快没了。"妈妈在我上学前，站在门口对我说。我听完，回应了一声："好的。"蹦蹦跳跳地离开了家。课上完了，回家的路上与同学一路聊着有趣的事物，回了家又欣欣然地拿起了一本读物读了起来，哪还记得什么酱油啊！等妈妈回了家，对我说："儿子，酱油你买了吗？"看着妈妈笑眯眯的脸，我才如梦初醒，急忙拿了钱到楼下买了一瓶酱油，这才将功补过。特别有几次，妈妈让我回家把饭菜蒸一下，我都给忘记了，导致大家很迟才吃上饭！啊，真想在小事中做个有心人，能不忘记父母的嘱托，记住每件小事！

在学习中做个有心人

其实在学习这一块，也有几件小事是关于生活小事的，但和学习有许多关联，所以就放到这儿谈了。其中主要就是我太丢三落四了，有好几次去学校忘了带课本或作业，结果名字"荣升"班级的"白榜"。回家后免不了面对妈妈絮絮叨叨的批评。这不就是平常粗心带来的后果吗？

还有，我在学习时偶尔也很粗心，比如有次老师在班上宣布了第二天要测古诗词，晚上我也复习得信心满满，可第二天测试结果出来——"Oh my god."心里马上布满了乌云。"常记溪亭日暮"的"溪"写成了"西"，"一山放过一山拦"变成了"一山放过一山栏"等，我一共错了八个字。啊，真希望能在学习中做个有心人，能不再粗心大意了！

在生活中做个有心人

经常有同学说我走路像一阵风，说他们常常只能远远地看到我的背影。这难道是我的错吗？不就是我走路快了一点儿吗？我心中愤愤不平。但我回家好好地反思了一下同学们说的话，感觉像我那样走路，确实会错过很多很美的风景，如街上的车水马龙、路上的花草树木、街边的小摊小贩，应该天天都会有所不同吧。于是我走路的速度也尝试着慢慢降下来。啊，希望我能在生活中做个有心人，能用心欣赏身边的事物，品味大自然的美。

发现生活之美

钱 熙

"生活中缺少的不是美,而是发现美的眼睛。所以我们要学会观察生活,做一个生活的'有心人',用自己的眼睛发现生活中的美,这种话我们都听到也看到了不少。我却发现这个'有心人'不一定就是被老师赋予的意义。此'心'非彼'心'。"

细 心

星期一的上学路上,我回忆着周末的作业:嗯,应该都带了吧,今天不会放在家里的。到座位后,我把作业翻出来,自言自语着:"练习册、小测本、数学本、语文的……"我又看看抄作业本,"哎,周记呢?可能太小了没翻到。"可是我左翻右翻都没有。原来没带啊,完了。

可是就算宽限到下午再交,我也搞不清本子到底是在家里还是在店里,怎么办?我郁闷了一个上午。放学了,我把不用带回去的书放在抽屉里时,偶然发现了周记本,它就在书包的夹层里。我算是体会到了什么叫"远在天边,近在眼前"。我马上把它交给了语文科代表。可是我当初怎么就不能细心点儿检查一下夹层呢?出发前怎么就不能细心一点儿把周记本放在合适的位置呢?都是不细心啊!

平常心

我在班上沉默寡言,有一次老师挑了一些作文的范文朗读,其中竟然包括我的。我感到十分惊喜。惊的是老师读到我名字时我感到手心冒汗,有点儿不知所措,还有那么一点儿慌张。喜的是老师读完后对我的评析,让我轻松不少。过了一两周,又写了一篇作文,但这次我自我感觉不是很好。当看到评语"没有中心"时,我更是灰心。我希望我能多一些平常心,在发生事情时能够淡定从容地面对一切。

怜悯心

在马路旁,屋檐下,时常会看到些乞讨者,他们有的是很可怜,让人怜悯;有些却是骗子,比如红光满面四肢健全的老太太，能够自力更生找一份工作的大学生。这些人的存在让大部分人不再怜悯乞讨者，但我的母亲不这样认为："要怜恤人。不仅是怜悯，也有体恤。你施舍不施舍是你的事，他们干什么是他们的事。何必因为他们中几个不义的人而舍弃你的怜悯呢？"她的这份怜悯心，我也想做到。

世上的心并不少，你是什么样的人，你就有什么样的心。

我和爷爷的趣事

林梓龙

秃脑门儿，花白头发，两撇剑眉，深邃的眼眸，满脸刻满深深浅浅的皱纹，这就是我的爷爷。十多年来，我们形影不离，曾发生过许多趣事！

依稀记得那是一个蝉鸣稀薄的夏日午后，爷爷正睡午觉。见他呼呼大睡，我想，最疼我的人就是爷爷啦！我也得表示表示自己对爷爷的爱呀，我要把爷爷扮酷！于是，我找来一支毛笔，蘸上红水彩，轻手轻脚地在他嘴上涂来又涂去，不一会儿爷爷的嘴就成红艳艳亮闪闪的大嘴巴了，自以为比那些阿姨的红嘴巴好看多了！我又想，有学问的大科学家不都架着一副眼镜吗？我的爷爷也必须有一个！我又蘸上黑水彩在他脸上画上了一副黑框眼镜。别提有多酷了，我好生嘚瑟！画完之后，为了让大家都知道我爷爷又好看又有学问，便把爷爷叫醒，说："爷爷，你陪我出去玩！"爷爷向来是最疼我的，一听我想出去玩，便从床上爬起来，也没梳洗，就带我出门了。

一路上，爷爷好是风光！在商场里，爷爷成了万人瞩目的焦点，一下子吸引了许多人围拢过来。有的人捂住嘴，指指点点，笑得上气不接下气；有的人喝着饮料把嘴里的水都喷了一地；有的笑得弯成了一个虾米。他迎着众人的目光，一脸莫名其妙。终于，在一家服装店的镜子前，爷爷看到了自己的"庐山真面目"，脸上先是惊愕，继而尴尬，随即，冲我瞪圆了眼，哭笑不得。而我惊恐地望着他，不知什么情况。半响，爷爷的脸上又浮现出慈爱的笑容，高举的手只是轻轻地在我的脑袋上拍了一下……现在想起那场啼笑皆非的恶作剧来，心里又好笑又温暖。

平时，我们是无话不谈的朋友。有时，趁他高兴，我大胆地摸摸他的脑袋说："爷爷，您这里怎么一马平川呀？"他微笑着，故作深沉地说："人多的地方不长草，学问多的地方不长毛呀！"说罢，我们俩一起哈哈大笑起来。

岁月流逝，时光流转，春去秋来，转眼，我已经长成半大小子了。可是，无论时光怎么转变，只要回忆起这些童年的趣事，心里便会升起融融的温暖。

潮水引领我成长

蔡文婧

最爱那一波潮水。

偶去海边,看见那潮水碧蓝,一次次冲上沙滩,拍打礁石,气势之盛之大,像是可以吞噬一切。那浪头上的白沫晶莹,竟像极了一弯得意的笑。我惊叹着,惊叹着,竟久久不能移目。退潮的时候到了,潮水像被母亲召唤回家的孩子,一时间,只是退着退着,匆匆忙忙地奔向了远方,"哗啦啦"的声音像是不情愿的抗议:"我还要玩呢!不嘛不嘛!"

那一日,在海边坐了很久,想了很多。

人生如潮,大起大落。人得意之时,便如涨潮,青云直上,无人可挡,不免骄傲,便放松了对自己的要求,放宽了约束。于是,人生便直滑到谷底,就像退潮,大势已去,心情低落,然后,便开始养精蓄锐,为下一次的涨潮奋斗，期待再次的风光，与处于那万山之巅，"一览众山小"。

人生如潮，人生如潮！我在心中默默念道，人心中必存在着得失之患。每每学业处在低谷，我的第一反应定是心灰意冷，消沉过后，才会发奋图强，决定迎头赶上。赶上固然好，可如果赶不上，便又陷入了更深的低谷……为什么要这样呢？潮起潮落是人生中必有的事，这些潮水的起伏就好像是人生中的挫折与坎坷，经历过了这些坎坷挫折，才会迎来一段平静。退潮甚至可以说是一次升华——一次人格的升华，精神的升华！正因为有那一次次的"退潮"，我的意志才能愈发的坚强，我才可以尽最大可能完善自我，进步，在人生的旅途上越挫越勇，取得新的更大的成功。

为什么不淡然一些，面对那潮起潮落呢？

涨潮时，不必狂妄，要更严格地要求自己；退潮时，不用悲伤，要学会审视自己，提高自己，以便迎接下一次涨潮！退潮并没有什么可怕的，我们可以战胜它，再次取得成功——这是我们成长过程中不得不经历的插曲。不要让自己的心态控制了自己，对于人生，本应该永远淡定，而充满希望的！

我不会忘了那日潮水教会我的。潮水引领了我成长，教会我理智地看待人生中的低谷与高山，因为——人生如潮，人生如潮啊！

小事不小

雷 鑫

假如说,生活是浩瀚的大海,那么,小事就是晶莹的水滴;假如说,人生是百味的大书,那么,小事就是精彩的一页;假如说,岁月是巍峨的高山,那么,小事就是平凡的小丘。但是,平凡的人生也有舞,凡人的小事亦有歌。小事虽小,却有其不可磨灭的功劳。

请大家看我的小事日记吧。

3月5日 星期四

学习生活,紧张又忙碌,早上睡过头是常有的事。今天早上,我又一次睡过头,不得不加大马力向车站冲去,事有凑巧,我刚到距车站二百米左右的地方时,车子似乎正准备发动。我心想:反正也追不上了,不如省点儿力气吧。我因此放慢了脚步。哪知,那车竟不知为何停了一会儿，但由于我距其过远，重新冲刺也已经来不及了。结果呢？我是理所当然迟到了。

下午，我又一次遇到了同样的情况，这会儿我吸取了上次的经验教训，加大马力，乘着脚下的风，飞快地向车跑去，结果呢？安全上车。小事经验：不到最后一刻绝不放弃！

6月17日　星期三

期末生活一大特色：考试不断，测验不停，老师对我们的要求随着时间的推移已越加严格。一点儿的失误，会引出一片的"批评话林"。

下午，语文老师小测默写，虽然是一次"突袭"，但对胸有成竹的我来说根本只是小菜一碟。我轻轻松松地答完后，便无事可做了。一个不经意间，我发现同桌有一大段不会写，我于是很大方地将我的答案递了过去，谁知她竟瞄都不瞄一眼，我心中顿时不爽：狗咬吕洞宾。

下课时分，同桌对我说："多谢你的好意，但不论好坏，我想自己做的会更好。"

小事经验：结果并不重要，自己的劳动果实才最美。

无水滴不聚大海，无百页不集成书，无小丘不起高山。小事虽小，但它的内涵绝不小！

捡回责任心

庄杰靖

培养子女是父母的责任，孝敬长辈是子女的责任，教书育人是教师的责任，救死扶伤是医生的责任……是责任心使这个社会井然有序地运转着。但是，丢弃责任心的人比比皆是，就让我们从最常接触的学校开始说起。

受伤的鼠标

自从我们入学后，学校就在各个教室安装了多媒体教学设备，这样一来课堂教学就更加生动、活泼。可是，正当这些设备发挥它们的作用，给我们带来方便的同时，我们想到保护它们了吗？显然没有。上学期临近期末的时候，我偶然发现我们班多媒体的鼠标线上的一小段绝缘皮被刮破了，我担心再发展下去会把里面的导线刮断，于是用透明胶将刮破的地方暂时"包扎"了一下，希望不会更糟。过了一个学期，当我再次打开放着键盘和鼠标的抽屉时，我不敢相信自己的眼睛，原来只有一小块刮破的地方如今已经被刮掉了一大片，里面的导线依稀可见。我明白了，这不是仅仅因为使用过久，而更多的是使用者不够爱护造成的。这又是谁的过错？

哭泣的粉笔

每天早晨走进教室都能看见讲台上撒落着零星的粉笔，清晨是寂静的，我能听到它们在小声地哭泣，它们并不希望还没贡献出自己的力量就被人抛弃，这是浪费！如果将一个月内的粉笔头捡起来使用，可以节省一盒粉笔！我们做到了吗？

飘落的零食袋

课间和放学，总能在便利店门口看见一道"亮丽"的风景——穿着各色校服、来自不同班级的同学们在吃零食。待人们一走，又可以看见另一道风景——撒满地面和随风飘落的零食袋。难道乱扔垃圾就这么光荣吗？

捡回责任心

因为我们丢失了责任心,所以能看到受伤的鼠标;因为我们丢失了责任心,所以能看到哭泣的粉笔;因为我们丢弃了责任心,所以能看到飘落的零食袋;因为我们丢失了责任心,所以……

如果我们不重新捡回责任心,我不敢想象我们还将看到什么。

他深深地留在我的记忆中

他深深地留在我的记忆中

樊可进

曾经学过一篇课文《十里长街》,这是要背诵的课文,如今,我只依稀记得开头了:"天灰蒙蒙的,又阴又冷……"老师给我们看了一段短片:人们在长安街两端候着周总理的灵柩,悲痛欲绝。他是谁?他为何受到人们如此爱戴?

现在,我对周总理有了更深的了解,我意识到,他是一位真正的伟人,他那受人尊敬的形象也深深留在我的心中。

英雄出少年

小时候,周恩来在一家学堂读书。新学期开学了,校长问大家,你们为了什么而读书呢?同学中,有人回答为了升官发财,有人回答为了光耀门楣,有人回答为了养家糊口。当问到周恩来时,他坚定地回答:"为了中华之崛起而读书!"豪情壮志溢于言表。当时的神州大地:外有强敌,内有国贼,百姓有倒悬之危,社稷有累卵之急。而少年周恩来竟有如此大的气魄,有匡扶中华的气概,岂非英雄也!

外交展奇才

国内战争时,周恩来在南京、重庆与国民党谈判。斡旋于烽火之中,游走在生死边缘。面对白色恐怖,他毫无惧色,运筹帷幄之中,决胜千里之外。

新中国成立后,周恩来任总理兼外交部部长,使摇篮中的新中国在世界上站稳了脚跟。他的口才,让外国政要与记者交口称赞。

有一次,一位不怀好意的记者问:"听说在中国,有很多马路,这是不是马走的路?"面对记者的攻击,他镇定自若:"是的,中国是有许多马路,因为我们走的是马克思主义之路。"一时间,记者哑口无言。

又有一次,一位美国记者挑衅地问道:"美国人走路时都昂着头,中国人走路时都低着头,这是为什么?"面对记者的讥讽,他临危不乱:"这很简单,中国人在走上坡路,所以低着头,美国人在走下坡路,所以昂着头。"

一刹那，记者呆若木鸡。

睿智、幽默、机警，周恩来以他那独特的人格魅力，结识了许多第三世界的朋友，赢得了亚非拉人民的爱戴，为中国争取到了一个良好的发展环境。借用苏轼的诗，"遥想周公当年，雄姿英发，羽扇纶巾，谈笑间，美帝灰飞烟灭。"

亲和见点滴

周总理不但才华横溢，而且宽以待人，严于律己。他始终把自己看作一位普通的群众，始终想着人民，始终为了人民。他在公众场合，总是穿一件中山装，显得肃穆又庄严。他因私事用公车必付款；上公园自己买门票；到大食堂和大家一起排队买饭；和老百姓一起坐公共汽车……从不居功自傲，平易近人，与人民风雨同舟；这就是总理给人们留下的印象。

周总理逝世后，十里长街，人山人海，挽幛如云，黑纱弥天。这是对周总理的尊敬、爱戴和褒扬。松涛阵阵，这是对总理的挽留；海浪滔滔，这是对总理的怀念。

周总理虽然已经辞世三十多年了，但他的大智大勇还铭记在我的脑海中，他那"为中华之崛起而读书"的铿锵誓言，永远镌刻在我的心中。

我们班的大侠

傅毅航

牛人，牛人，顾名思义就是牛气哄哄的人。这些"牛人"都有着自己的独门绝技，一般都是绝对保密，绝不外传。当然，他们的绝技，可能教你你也不一定能学会。虽然不一定学得会，但我们今天姑且来过过嘴瘾和眼瘾吧！

第一位赫赫有名的"牛人"就是我们班的纪律委员——黄乔宇。她在班中的地位可以说是"一人之下，五十人之上"。手持当今班主任冯老师所赐的"尚方记名册"，此册号称"上可斩班长，下可剁平民"。当然，她能成为"内务大总管"班委第一人，自然不单只靠冯老师所赐予的绝对权力，她自己也是一个"武林高手"。她拥有与"一哭二闹三上吊"齐名的武功，也就是"一吼二拍三捏肉"。

就拿前几天的自习课来说吧，因为老师没在，所以班上的同学们就都躁动起来了。吵闹声越来越大，平地一声雷——"你们都给我安静点儿！"这一咆哮声响起，教室里马上鸦雀无声。这便是"一吼"了，也就是狮吼功。这一吼震得墙上直掉灰。虽然可能有些夸张，但请不要质疑这一吼的威力。不一会儿，又有"喊喊喳喳"声传来，我还没来得及分辨声音来自何方，一道人影就闪到了正和小陈聊得快活的小张背后，"啊——"随着这一声惨叫的传出，可以看到黄乔宇正皮笑肉不笑地站在小张的身后，一只手掌盖在小张的后背上，这便是"二拍"，铁砂掌。正当小陈准备偷偷转头，逃离"现场"时，有一只手精准地"咬"在了他的手臂上，这便是"三捏肉"，九阴白骨爪。小陈痛得都发不出声了，只是在那儿龇牙咧嘴。如果说"二拍"只是皮肉之痛，那"三捏肉"看来是痛入骨髓了。黄乔宇这"一吼二拍三捏肉"厉害吧？不过不可否认的是，整个班级都在她的铁腕治理下，秩序井然，全体科任老师都不约而同地爱上了我们班。私底下，其实同学们对她如此"牛"气的管理能力是心服口服的。

让我们再将目光移向教室的后方，那位趴在桌上"不省人事"的就是与黄乔宇的能力截然相反的牛人，她，便是睡神——张芯。如果说黄乔宇是将"动"演示得出神入化，那张芯则是将"静"诠释得炉火纯青。

上课偶尔犯困是挺正常的事，但每节课都犯困的"惯犯"还真有点儿少见，不过很巧，我们班正好有一个，她就是张芯。这不,她又在英语课上犯困,被冯老师当场"抓获",罚她站着,让她清醒清醒,她有些羞愧地站了起来。

过了五分钟,冯老师向张芯挥了挥手,示意她可以坐下了,但张芯双手撑着桌子,头低着,一点儿反应都没有,她同桌摇了摇她,她这才慢慢地抬起了头,有些迷糊地晃了晃脑袋,原来她站着也能睡得香!同学们都哈哈大笑地对她竖起了大拇指,此等睡功,真是无比"牛"!可谓是"前不见古人,后不见来者"啊!

看了我们班的牛人牛事,你是不是不得不赞叹"高手在民间"呢?

个色同窗

潘姝杰

说起我们班的"牛人",还真不少!有在运动会上大放异彩的"运动健将",有博古通今的"历史学家",有可以将政治知识记得倒背如流的"超级大脑"……

这众多的"牛人"中,个个是身怀绝技。我认为,我们班的"牛人"里,最牛气冲天的是张子晗同学。

数学课经常是张子晗表演"最强大脑"的时间。黄老师不时抛出一个难题,同学们望着黑板直叹气,啃笔杆的,托腮苦思的,眉头紧锁的……过了好几分钟教室里还是静悄悄无人应答,看来题目太难,大家对这些"拦路虎"无可奈何了。这时,张子晗举手了,黄老师一脸惊喜,赶紧有请张子晗。他站起来,从从容容地说出解题方法,甚至还补上解题思路。同学们豁然开朗,拼命鼓掌为他喝彩。可是张子晗并没在掌声中坐下。他望着黄老师说:"老师,我还有另外两种方法,不知道对不对?"此言一出,满座哗然:我们半天没想出一种,你居然还想出好几种,这让我们情何以堪?受不了!老师示意我们安静,请张子晗继续。他一说完,黄老师大力表扬:"这方法太妙了!"此时我们所有人的自信心轰然倒塌。

这可不是偶然出现的情景哦,这是数学课上经常上演的桥段。

你说张子晗牛不牛?

同学们想起平时张子晗经常挑战难题,做得那个专心致志。明白了"天才出自勤奋"的道理。于是下课时,张子晗身边常常会聚集好几个数学迷,张子晗也不保守,总是兴致勃勃地给同学讲难题。久而久之,这样的情景就成了我们教室里一道独特的风景了。

不过同学们只知其一,不知其二。我可比同学们更了解他,我是早早就领教了他的"牛"。

我和张子晗小学时是同学,还做过同桌,打那时起,我就晓得了他的厉害。张子晗同学其实满腹经纶,只是因在小学时大家都很幼稚,他找不到有志趣相投的伙伴可以探讨。

我呢,那时候也是自信满满,觉得自己也是比较厉害的。别说,我对地理方面的知识,还小有研究,因而对地理天文有着浓厚的兴趣,在书籍中阅览到宇宙之浩瀚,常常心神遨游天际,以为无人能领会我所想象的境界。

不曾想，跟张子晗做同桌后，我才知自己太不深刻，了解知识太不广博了。我惊呼：在我身边，竟潜藏着这么厉害的人！

他很爱说话，我们成为同桌后，有一次他说起霍金和《时间简史》，我竟然接上了他的话茬，自那以后，他的话匣子便一发不可收拾。

他与我之间的话题，三句不离那广大的宇宙。从"宇宙大爆炸"到"宇宙在不断地膨胀中"，再到"霍金发表的黑洞论文"，刚开始，我还能与他对答一二。到后来，他的言论再结合《时间简史》，听得我云里雾里。我为了能再和他探讨，还千方百计缠着我妈也买了一本《时间简史》，翻开书看了几章便觉得"吃不消"了。

读《时间简史》对张子晗同学而言不是难事儿，可对我来说是难上加难；我认真地看了一个晚上仍然是似懂非懂，仔细想想早上他的解释再进行一番揣摩，似乎又知道其中的那点儿意思。第二天早上再愉悦地向他陈述，他却又说得我头晕眼花，他的思想境界与层次已经是达到了我无法企及的高度。

看，自习课上，张子晗还是念念不忘那本天书一样的《时间简史》，又在班级网罗听众了。然而，依然没人能接腔。呵呵！

这位张子晗同学，你若只是听别人说他天文知识厉害，他学习思想境界高，也许没感觉。如果你近距离领教一下,你会感到他的"牛"简直惊心动魄。

好吧,对于这样的"牛"人,我们没办法挑战,就甘心情愿跟随他的脚步,往前走吧!

"松果体"的传说

丁亦可

我觉得孔子有句话说得特别好:"三人行,必有我师焉。"真的,我只要随便数数,就发现有:理科牛人张子晗、历史"博士"戴启航、剪纸达人张淑婷、飞毛腿魏增……身边可以当我老师的"牛"人真是不少呢!

今天我单说轩轩吧,她成绩不是很拔尖,才艺也似乎并不出众,可她却是我眼中名副其实的"牛"人。她究竟哪一方面"牛"呢?不急,且听我慢慢道来。

周末的一天,我们在一起吃饭。轩轩妈和我妈聊天,说起我的身高,妈妈嫌我长太慢。长不高可不是我的错,我有什么办法呢?轩轩对我说:"我告诉你一个办法。"看她那样子很有把握,我两眼放光,赶紧追问是什么好方法。轩轩说:"睡觉时用围巾盖住松果体,会更容易长高哦!"什么什么,松果体?那是什么玩意儿?在哪里?我怎么完全不知道！轩轩站起来摸摸我右边脑袋，很自信地告诉我："喏，天灵盖靠右就是'松果体'的位置，它能分泌生长激素，有助于小孩子长高，还能增强人体免疫力呢……"她这一番话让我对她刮目相看：她从哪里知道这么多医学知识？轩轩告诉我，她常常看一些中医书籍。原来如此！不过我觉得，愿意去看这些枯燥的知识就很了不起了，她还能记下来，真是"牛"啊！

吃饭时轩轩跟我一起坐，我们聊着聊着，她看着我说："你最近是不是很迟睡觉呀？"我连连说是，简直神了！她怎么知道的？轩轩不卖关子，拉着我的手说："你有一点点黑眼圈，说话时注意力也不够集中，这很可能是因为你没睡好觉。"这么一来，我对她佩服得五体投地：她认真"啃"中医养生的书籍，加上善于仔细观察，又能学以致用，简直可以当医生了。她不算"牛"人谁算"牛"人？因为她脑子里装满中医知识，以后我就干脆叫她"姚医生"了。

依我看，轩轩以后不仅可以当医生，还有希望成为米其林五星级厨师。为什么说她有当超级厨师的潜质呢？我再给你们说一段我的亲身见闻。

轩轩外公去年中风住院，轩轩爸爸妈妈忙得团团转，根本顾不上轩轩。轩轩管好自己的学习生活不说，还主动挑起了做饭的大梁。她煮好的饭菜一大半送去医院，剩下的刚好自己吃完，尝过她饭菜的人都说非常好吃。妈妈把她的"光辉事迹"说给我听，我不怎么相信。带着对轩轩手艺的好奇心，我软磨硬泡，死皮赖脸跟着轩轩去蹭了一顿她做的午饭。那餐饭让我懂了许多，把我彻底变成轩轩的铁杆粉丝了。

轩轩先带我去买菜，她口齿伶俐地与菜贩子讲价，边挑菜边告诉我什么样的土豆好吃，哪样的土豆不是转基因的；牛肉哪个部位炒着吃最嫩；韭菜和蜂蜜不能搭配，会相克……

回到她家，她有条不紊地煮饭、切菜、煲汤、腌开胃菜。一边做一边告诉我一个人的饭量煮多少米合适，加的水不要漫过放在米上的手掌，煮出来才软硬刚好……我想帮忙，却什么也不会干，只好傻傻地站在旁边，才帮着削了几个土豆。

香喷喷的饭菜端上来，我嚼着美味的咖喱饭，喝着香浓的大叶菠菜汤，享用着一桌子的美食，觉得轩轩真是"牛"气冲天。想起我来之前跟妈妈夸口要跟轩轩一比高低的话，我暗自羞愧，于是丢盔弃甲，不战而败。

回家再次面对妈妈的唠叨，不服气地想着：没吃过猪肉也见过猪跑，照轩轩的做总不会出什么问题吧？然而我太自信了——出师未捷身先死，没几下就菜刀切到手指了，我痛得跳起来。当然，余下的流程只得被妈妈接替了。看来做饭需要硬功夫啊！那么，轩轩是练了多少遍，才练就这一手好厨艺的呢？

看到这里，想必大家也都明白了，轩轩是一位生活方面的"牛"人，是我的生活老师。从这个自觉、细心、懂事的女孩儿身上，我学到了很多。

当然，身边还有很多的"牛"人，我得赶紧继续去发现，去学习。

军训,一道多滋美味的菜

康艺菲

军训是一道菜,一道多滋美味的菜,有辣,有苦,还有甜,令我们回味无穷。

这道菜的辣非洗澡莫属。第一天在基地里洗澡,我们知道了洗澡的时间和淋浴头的用法,本以为会"一片光明",没想到却"黑得可怕"。抱着脸盆走到浴室,我不觉为眼前的情景而震撼:"人山人海""人流如潮"这些词已经不够用了,脑子里只想着一件事:挤进去,只有十五分钟,一定要拼全力!过一会儿,我好不容易挤进了浴室,紧接着是另一项"艰巨"的任务——抢水。抹肥皂之类的常规动作,已经在有水的情况下加速进行。可是,为何时间过得如此飞速?水量大大地减少,每一滴水离开淋浴头时,都显得那么依依不舍,大家急得像热锅上的蚂蚁,东窜窜,西跑跑,希望能多看见一点儿水。"啊,这里有水！"一位同学拧着水龙头叫喊了起来，我们比发现了新大陆还高兴，纷纷打开下方的水龙头，清澈的水"涌"出来，虽然不多，但也足够了。

我第一次这么"节约用水"，第一次这么切实地体会到水的珍贵。

在基地里洗澡，真像吃辣椒，刚开始对他充满了期待，可尝试时，才知其中的辛辣。

从盘子里夹起一块苦瓜，一口咬下去，是什么味道？苦。要说起苦，练正步，可算是军训里的之最。正步走，这是一个看上去整齐、有力、简单的动作，可做起来却不怎么容易，大家一定都看过阅兵式，那齐刷刷的脚步声是我们梦寐以求的东西。"正步走，分解动作，一……"这个粗壮有力的号令是我们在军训期间最怕听见的声音。每当这个号令在耳边响起，我们的腿就要高高地抬起二十五厘米，真是一个可怕的数字。"腿抬得这么低，早晨没吃饭吗？"教官用棍子在一位同学腿的下方上下移动，以示警告。二十秒后，腿早已酸得不行的我们渐渐软了下来。训练很辛苦，但认认真真地练过了一天，我们终于练好了正步。

苦瓜真的是苦的吗？不，仔细品味后，你会发现，有甜！

最后一天，我们得知会操获得了三等奖，兴奋，开心侵占了我们的身体。辣、苦、甜加在一起是什么呢？是看见自己亲手洗的衣服在微风中飘动,是那整齐的脚步声、响亮的口号声在空中回荡,是坚持军姿二十分钟之后的那一声哨响的欢欣,更是班级获奖的那一刻,荣誉感幸福感通通涌上心头。军训,是一道多滋美味的菜!需要你细细品味。

成长路上，阅读相伴

庄步凡

人生漫漫，书香常伴。

儿时，最喜欢在阳光下，听着妈妈讲着美好的童话故事；如今，喜欢一个人，静静地，倚在窗边，听着风吹，品味清丽文字——我，在阅读中，悄然成长……

成长提示一：词汇量丰富

书是人类进步的阶梯。在书中，跌宕起伏的故事情节令我揪心，但那一个个扣人心弦的文字却令我心动。生动立体的语言有力地将我拉进另一个时空，仿佛来到书中的世界，遨游在词库中，尽情享受语言文字的魅力，汲取知识，丰富积累。这为我将来的学习生活，奠定了殷实的基础。

成长提示二：心灵的成熟

书籍是青年人不可分离的生命伴侣和导师。在书中，总有一些文字富有哲理。每每品读时，都仿佛走进了作者的内心世界，感受他面对生活的乐观心态，体会他的孤寂冷艳，理解他的辛酸苦楚。漫步在思想天空中，点点繁星在潜移默化中影响着我，引领我逐渐成熟。

成长提示三：为人的感悟

读一本好书，就如同与高尚的人谈话。在书中，最为耀眼的应属那些闪烁着的为人之本。善良，勇敢，正直，坚韧……在阅读中，这些闪光点无不感染着我，悄然融入我的性格，融入我的生活，以一个良师的身份，教会我为人的道理。

阅读，早已在不知不觉中，成为我生活不可或缺的一部分。它所给予我的，是无穷的人生之道。

冬 至 缘

李诗音

"春雨惊春清谷天,夏满芒夏暑相连,秋处露秋寒霜降,冬雪雪冬小大寒。"二十四节气歌从小耳熟能详,却从未细心认真地捉摸过其中的奥秘。

冬至,一个陌生的节气,但却因为儿时便听妈妈唠叨:"冬至要吃汤圆啊,汤圆有团团圆圆的意思呀,小宝贝是在冬至前不久出生的,冬至会保佑我们家小宝贝团团圆圆啊!"小时候听了,只当好玩,慢慢地便会在每年冬至时嚷嚷着要吃汤圆,妈妈笑着问:"为什么呀?""汤圆,团团圆圆。"我会甜甜地牙牙学语。长辈们都会很开心,笑称孩子"福气很好",我也能得到些许奖赏。

慢慢大了以后,妈妈不再会每年重复这句话,但冬至吃汤圆的习惯延续至今。或许有时可以不吃羊肉驱寒,但汤圆一定会准时出现在餐桌上。偶尔想起小时呓语,也会在心里偷笑一番，但会认真地念叨一句"团团圆圆"，才会将汤圆入嘴。

现在的我，早已明白了这是家长心中一种美好的祝愿，也带有一种传统的封建色彩。但我仍会乖乖地顺着长辈的意愿，不愿戳破这层美丽的窗户纸。或许有人说我迷信，或许有人赞我乖巧。但我愿好好地守护着这个愿望，不忍心也不应该让老人们的祝愿泡沫破灭。我愿意相信我与冬至的缘分，也愿意相信他会保佑我团圆。

其实仔细计算，我的农历生日与冬至相差甚远，不过冬至情、冬至愿、冬至福、冬至缘，是长辈们从小赋予我的一种美好祝愿。

"春雨惊春清谷天，夏满芒夏暑相连，秋处露秋寒霜降，冬雪雪冬小大寒……"哼着这动听的歌谣，我甜蜜地尝着象征团圆的汤圆。

家 族 法 院

张浩然

最近,我的家里发生了一件"刑事案件"。

"案件"的根源就在我家的老冰箱上。这台电冰箱为我们家忠心耿耿地服务了十几年,早已"破烂不堪"。有时会突然停止工作;在夜晚,有时甚至会发出"嗡嗡"的声音,吵得楼上楼下经常到我家"投诉"。在被"轰炸"了一个月后,我终于忍不住向父母提出让老冰箱"退休"。可惜古时候有个成语叫"祸从口出",老爸老妈为此吵得要"上法庭"。

"开庭!"我在椅子上又加了一个小板凳,把餐桌当审判台,笔盒当惊堂木。老爸老妈哭笑不得地坐在两边。"请被告人与原告人讲出诉讼理由。"老妈苦笑着说:"儿子,你爸要买新的电冰箱,你也知道我们家的经济状况不太好,没有钱买新冰箱。"

我一脸严肃地说："叫我法官大人！被告方，你有什么要说的吗？""报告法官大人，我们家的电冰箱早已老损，会经常性熄火，这样很容易发生事故。而且其发出的噪音让左邻右舍难以忍受，严重影响了邻居的工作和正常生活。退一步来讲，从自家的利益出发，电冰箱的老化与熄火，容易使食物变质，再加上我们放进冰箱的一般也都是容易变质的食品。如果食用，轻者拉肚子，重者食物中毒啊！"

我点了点头，同意了老爸的说法，惊堂木一拍，说："第一轮被告方胜利！下面进入举证质证环节！"

老妈拿出一堆账单和开销表，说："法官大人，我们家这个月的开销巨大，所剩款项不多，冰箱，可以再忍一下嘛！"我接过账单，的确开销巨大。老爸拿出一份报纸说："这是关于电器老化引发火灾的一篇报道，生命很宝贵，不能因为没有太多钱而不顾生命。"我接过报纸，上面的报道触目惊心。

我清了清喉咙："我宣布，由于被告方举证充分，合情合理，所以被告方胜诉！"

妈妈只好无奈地同意了我和老爸的想法。

这事真让我过了一回当法官的瘾！

我家的趣事

庄梓悦

我一直都是一个平凡的孩子,每天做着相同的事儿,学习、写作业,过着繁杂又充实的生活,可是,即使是这样的生活,却也多姿多彩,惹人回味。

"亲爱的女儿!"妈妈穿着休闲年轻的运动服,一只脚架在单车踩脚上,有些皱纹却白皙的脸在阳光下充满朝气,我被这有些肉麻的称呼逗得哭笑不得,转头冲她笑了一下。"蛋花,我们出发吧!""好嘞——"妈妈拉长音应了一声,脚一蹬自行车,向前骑去,留下撒落一地的慵懒阳光,那是我们有趣的往事。

两辆自行车在街上一前一后漫无目的地驶着,在自行车的牵引下,我们来到了一个公园。二月的公园,摇曳的柳枝枕着河岸,像一个甜甜的梦。人们坐在长凳上,风轻拂它们的衣袂,几乎是绰约的舞蹈,倏忽间,树后蹿出一大一小两只狗,嬉戏欢闹,好不快活。这幅场景,我好像似曾相识,思绪掠过时间的距离,看那伊始的时光。

小时候的我爱哭,一不如愿或受一点儿惊吓就啼哭不止。还记得那天家里正在看《动物世界》,一群鹿正在饮水,洁白柔软的小鹿,美丽如画的场景,小小的我不由看得入了神,脸上满是向往之情,可是,正在这时电视机转换了画面,树林中,一只狼猛扑过来,吐出血红的舌头,舔了舔尖刀似的牙齿,凶神恶煞的嘴脸让人胆战,我还没见过这么凶恶的动物,"哇"的一声哭了起来。厨房中的妈妈听见我的哭声,匆忙跑了出来,把我抱在怀里"哦哦"地哄我。可我好像根本不吃这一套,反而愈哭愈响、声嘶力竭。无奈之下,妈妈把我放在凳子上,自己则趴在了地下,伸出舌头,还呼哧呼哧地喘气,我一看妈妈的样子,跟电视上那可怕的"怪物"一模一样,不禁消除了心中对它的恐惧,破涕为笑,竟也伸出舌头,与妈妈对视,一旁的爸爸看乐了,"咔嚓"用相机拍下了这一幕,还美其名曰:"二狗嬉闹"。

我不知道,这算不算趣事。

自行车继续在蜿蜒的小路上行驶,寂静的小路上独留车轮轻响,不知过了多久,远处隐约有一位少女,正拿着小巧的手机许是在发短信吧,忽地,往事绚烂如浮云飘去,我,又想起……

那次妈妈去了清流,喜欢经常收到小礼物的我,固执

地让妈妈带一碗清流兜汤给我,妈妈啼笑皆非,发了一条短信给我:

猪妈妈的猪宝贝,打盹了吗?清流兜汤怎么能喂猪宝贝?浪费呀。

我直直地盯着短信后面那个肆无忌惮的笑脸,夕阳的最后一抹余晖穿透玻璃,挤进床头上泰迪熊的怀里。

我不知道,这算不算趣事。

不知不觉间,自行车到达了目的地,而我的回忆,也戛然而止。

成长路上的趣事,不就是飞转而去的前轮与后轮?成长的趣事在前,你在后——前轮带领着后轮的成长,而后轮又为前轮增添着青春年少与无忧无虑的力量。

那一刻,我看见生命化蛹成蝶

张舒倩

日光洒在清晨的乡间,野蹄在小路尽头消失,抡起路旁的一片落叶,我触到了它的纹理,嗅到了它的芬芳。那一年,我回到了乡下老家——一片远离城市的净土。

有山,有水,有花,有草,这才是我梦寐以求的乡野。走在青石路上,累了,便在偌大的岩石上坐着休息,流连光景,醉情山水。突然,我注意到一旁的绿洲上,有一个椭圆的蛹,在微微颤动。我又凑近了些,看见虫蛹中有东西在往外蠕动,想要奋力挣脱蛹的束缚。不久,虫蛹上裂开一个小口,两只触角竖了起来,我没想到能亲眼看到这一切,不由得又凑近了些。我屏息凝神,生怕一呼吸,一眨眼就会错过美丽的瞬间。它的身体出来了,像是一个初生的婴儿努力地伸展四肢,想要站立;它的尾在用力挣扎,向往着那用力一跃,飞向绿叶花丛间。

直到现在我才看清它是一只蝴蝶，"嗖"的一瞬间，它展开了翅膀，小心地扑闪了几下，我看见它翅膀的花纹，洁白的双翅上有美丽的蓝光弧形，是那么优美高雅。

我目送着它飞走，随轻风飞向远方，直到再也看不见它的身影，却还没有从无限错愕中走出，——人生第一次目睹生命的诞生！多么微小，却又多么美丽！

我想，它一定会飞越大山大海，而我，目睹了它生命的开始，目睹了它经过痛苦的蜕变而拥有崭新的生命。我的心中燃起了一种希望，就像是在绵绵春日中编织的蓝色的梦。

那一刻，我看见了生命化蛹为蝶，其实每个人心中都住着一只蝴蝶，就像我们都应拥有的永不破灭的希望，等清风来，踮起脚尖，展开翅膀，迎风飞翔！

错

尤祖尧

再蔚蓝的天空也会有乌云掠过，再清新的空气也会夹杂粉尘，我们在成长的道路上相互追逐，怎能不犯错？

大千世界，形形色色的欲望迷惑着我们的双眼，对于酷爱阅读的我而言，书籍总是令我欲罢不能。和许多同龄的伙伴一样，我不爱午休，因此，每天午休的时光对我来说就是读书的黄金时间。

又是一个正午，明媚的春光洒满了我房间的每一寸阴暗的角落，这对于我来说正是个读书的好天气！我顺应着父母午休的要求脱去了外套，匆忙选了本书爬上上铺，居高临下的我一面读书，一面窥探着外面的一切。

我把身体紧贴着冰冷的墙壁，让身体尽可能地躲在父母视线的盲点，紧接着，我把被子的拉链拉出一个口，以免在紧急时刻无处藏书。

在自认为万事俱备后,我提着一颗心如饥似渴地阅读起来,在指尖与书本的摩擦声中历经着百年春秋。突然,寂静的空气中传来轻微而狡黠的脚步声,我刚刚活跃的思绪猛地静止了,回忆开始躁动起来:是我翻书声太大了?还是我情不自禁地笑出了声?一时间,无数种回忆盘旋在我的脑海,这些思绪都促使着我做一件事——用耳朵洞察门外的风吹草动。果不其然,在寂静中又传来了足尖与地面的碰撞声,我的神经顿时绷紧了,手明明在颤抖却又果断而麻利地将书塞进被子上那道早已准备好的缝隙里。我匆匆躲进被子里作熟睡状,听见门外断断续续的脚步声逐渐逼近,我的心跳也随之加快。忽然,脚步声停止了,时光凝固于静寂,身处盲点的我不止一次地祈祷:"给点儿动静吧!"终于,我忍受不住被窝的压抑,微微抬了抬头,只望见白墙一片,便心怀侥幸地挪了挪身体,移出盲点,再一看,只见父亲表情复杂地倚在门旁。

最终,我接受了父亲严厉的批评,努力改正了在床上看书的不良行为。但我终究为自己的错付出了代价——近视了。

错如乌云,悔过如风。乌云、阳光、风,都是我们人生旅途中不可或缺的风景。

在奉献中成长

徐繁星

阳光拥抱大地,她绽放出芳艳的花瓣:"感谢你奉献出灿烂与温暖。"甘霖亲吻碧柳,生出葱郁的柔枝:"感谢你奉献出清凉与舒爽。"微风轻拂青草,她舒展出浓密的秀发:"感谢你奉献出舒适与凉爽。"我笑靥粲然,世界向我报以微笑与欢乐,给予是快乐的,我在奉献中成长。

感谢给予是快乐的,我在奉献中成长。忘不了那间破旧的小院,斜矮的屋檐,被风霜雨雪击打得残缺不全的瓦片,爬满青苔的烟囱飞出几缕炊烟,家徒四壁的屋内,一张黝黑瘦削的脸。然而穷困潦倒的家庭,使她未来梦难圆。七岁的我潸然泪下,还不等滚热的液体溢出眼眶,便不假思索地砸碎了心爱的"扑满"——希望那微不足道的二十五元钱能将她送回学堂。在父母的潜移默化与指引下，我郑重地决定努力帮助渴望知识的她，帮助她飞向梦想。终于，"春蕾"绽放出了美丽的鲜花，快乐重新跳跃在她的脸庞。她是一名"春蕾"女童，同其他幸运的贫困生一起重返校园。这次活动，让我明白了：帮助他人，快乐自己。给予是快乐的，我在奉献中成长。

给予是快乐的，我在奉献中成长。忘不了，三年前，那无情的地震，倾倒的房屋，被蹂躏得一片荒芜的城市，劫后余生的人们紧紧相拥饮泣。死气沉沉的废墟上，一张渍满污泥的照片。那曾经挤满了欢声笑语中幸福的一家人的照片，现在却成为缅怀亲人的照片。地震夺去了他们所爱的人与美好的家园。我的心再次沉重，颤抖的双手捧起几个沉甸甸的信封，希望它能带着我的爱心飞往汶川。我希望，照片上还能出现笑脸。给予是快乐的，我在奉献中成长。

阳光拥抱大地，她绽放出芳艳的花瓣："感谢你奉献出灿烂与温暖。"甘霖亲吻碧柳，生出葱郁的柔枝："感谢你奉献出清凉与舒爽。"微风轻拂青草，她舒展出浓密的秀发："感谢你奉献出舒适与凉爽。" 我面对世界，她同样以欢笑与快乐报以我。给予是快乐的，我在奉献中成长。

在爱中成长

张芷洁

我是一个幸福的人，我拥有着许多的爱，我在充满爱的环境下成长。

爱——家庭之爱

它，没有"白头生死鸳鸯浦"的轰轰烈烈，却也使"夕阳无语"为之动。它，虽没有"在天愿作比翼鸟，在地愿为连理枝"的海誓山盟，却也是"天长地久有时尽，血脉相连无绝期"的亘古永恒。它，虽没有"身似门前双柳树，枝枝叶叶不相离"的长相守，却也是"但愿人长久，千里共婵娟"的默默祝福。飘落的雪花，带不走凝固的记忆，穿越时空的凝重进入不会老去的岁月，从心中折射出深深的两个字——亲情。

父爱如山，母爱似水。在我的心中留下了深深的印记。在我去军训时的那几天，我已深深体会到他们对我浓浓的爱。他们的担心，他们的思念。我生病时，他们焦急时的皱纹，他们操劳时的白发……此时的自己是那么的幸福……有人说：亲情是风吹散了烦恼，留下了愉快。有人说：亲情是太阳，带走黑暗，留下光明。我说：无论你痛苦、沮丧、快乐、忧郁、彷徨……它都一定会在你的身边陪你，不离不弃！

爱——班级之爱

班级的爱是单纯的，是神圣的，更是你我的……在我们班里，有着浓浓的爱。

当同学生病时，那一声声问候；当同学呕吐时，那一个个清扫的身影；当同学痛苦时，委屈时，那一声声安慰的话语；当获得荣誉时，那一张张笑脸。当……殊不知，我们之间早已有了爱。爱同学、爱老师、爱共同的班级。共努力、共拼搏、共同创造辉煌。我们之间早已有了那么深的牵绊……听，那一阵阵银铃般的笑声，一直荡漾在我的耳畔，看那张张甜甜的笑脸，依旧映入我的眼帘，那一段段美好的回忆与那一次次……都永远停在我的心间。深深的烙印，永恒的牵绊……

世间没有友情，那将有何意义？

爱——国家之爱

那一次次的捐款,那一次次的慈善活动。那一个个只求奉献,不求回报的志愿者。那一个个保家卫国,征战边疆的人民子弟兵。国家之爱,大爱无言。我不知如何抒发内心的情感。

我是在爱中成长的,其实,不只是我,每个人也都是一样的,只是你有没有一双能够发现爱,并且看到爱的眼睛,朋友你看到了吗?

在浴室的雾气中成长

庄春蓉

春季的一袭碎风拢过，不经意间，记忆的碎片随风倾泻而下。蹲下身，我细细地整理着散落一地的零散记忆，带着童真的快乐，哭泣的悲伤，我看见窗外氤氲的雾气中，阳光照在褪了色的叶片上，仿佛游走的时光，明媚而又忧伤，记忆牵扯着我，掠过时间的距离，看那伊始的时光……

夏夜，闷热

还记得每个夏天的晚上，做完繁重的作业，不论多迟，妈妈总会让我先去洗澡，我也总是心安理得地去洗。夏天的浴室格外闷热，我每次洗完，浴室里总弥漫着一层闷热的雾气。可妈妈却好像没看到似的，仍旧走了进去。

每次妈妈洗完,脸上总是湿漉漉的,小时候我总以为那是水,长大后才知道,那是汗。

冬夜,寒冷

到了冬天,妈妈仿佛也和这凛冽的寒风一样不爱我了。每次,她都抢着要先洗澡,拿着衣服不管不顾地冲进去。还记得一天晚上,我因为明天要考试想早点儿洗澡睡觉,可妈妈却又说要先洗澡,任凭我怎么大声她都坚持着,我颓唐了,任凭妈妈走进浴室,"砰"的一声门响,仿佛也正在我的心上狠狠地叩击了一下,我的眼睛模糊了,有什么东西滴进了我的嘴里,涩涩的、苦苦的。

我始终不愿承认妈妈不爱我了。第二天,当妈妈出门前,我终于鼓起勇气,问出了心中的疑问。妈妈头也不抬,毫不犹豫地说:"每天上完班,怪累的,当然要先洗了。"说罢,走出了家门,只留下我在原地,看着地板,不知何时,泪已满面。

接下来的一整天,我都不愿再看到妈妈,处处躲着她,直到那天……

我正在找一本久已不见的书,不知不觉,竟走近了爸妈的房间,我看见床头柜上放着一本书,正欣喜,走进一看,竟是妈妈的日记,日期是昨天,我读着,眼睛湿润了:

"今天早上,女儿问我为什么要和她抢着洗,我跟她说是我累了。其实,冬天的浴室太冷了,我先进去洗,浴室里有了一些雾气,女儿才会暖和一些,我不愿告诉她,是怕她以后也学着我这么做啊!"我直直地盯着这些字,有什么划过脸庞,流进嘴角,甜甜的。

那一刻,我不再是小孩子了,我读懂了妈妈对我的爱,读懂了我以前的不懂事,读懂了雾气中的柔光万千。

浴室里的雾气,使我成长!

在四季轮回中成长

苏 悦

四季轮回,见证了谁的成长足迹?

——题记

摘一簇晚春繁花,抚一株盛夏青草,拾一片深秋红叶,触一抹初冬白雪。年复一年,光阴飞逝,我在四季轮回中,成长着,成长着……

百花争艳——春

春天是一个无比热闹的季节,百花争艳,万紫千红。你可曾注意到,那涧边零零散散的几株花和那花坛中一团团、一簇簇灿烂繁花的区别?零碎的几株花,再美丽,也终比不上那百花齐放之壮美。"一枝独放不是春,万紫千红春满园"——只有团结在一起的繁花,才能绽放出最美丽的姿态。在百花争艳之春,我学会了团结协作,我成长着。

绿草如茵——夏

夏天是一个生机勃勃的季节,骄阳似火,绿草如茵。夏是闷热的,但那夏的炎炎烈日却晒不去青草的生气。在炽热的阳光中,小草依旧那么青,那么亮。如火骄阳下,纤细绿草那种坚韧不拔的精神使它如骑士般的高大。在绿草如茵之夏,我学会了坚忍不拔,我成长着。

红叶纷飞——秋

秋天是一个宁静淡雅的季节,红叶纷飞,落满人间。每到秋天,树上的叶儿便会披上火一般的红袍,乘着飒飒秋风飘落在地。"落红不是无情物,化作春泥更护花",红叶的无私奉献,让来年之春更加美丽。在红叶纷飞之秋,我学会了无私奉献,我成长着。

白雪皑皑——冬

冬天是一个纯净淡泊的季节,白雪皑皑,纷纷扬扬。

雪，无声，无息，就那样，静静地，一片一片，落着，落着。它无视肮脏的环境，它不惧身边的狂风。望着那洁白无瑕的雪，不禁感叹，这是一种怎样的淡泊心境啊！而现代社会上的我们，不正需要白雪的这一份淡泊吗？在白雪皑皑之冬，我学会了淡泊安定，我成长着。

年复一年，光阴飞逝。在那四季轮回中，我，成长着，成长着……

在倔强中成长

陈科伊

雪花轻轻坠落,在月光的照耀下,好像一个个坠入凡间的小精灵。想把他们捧在手心,如珍玉般呵护,却不想他们如此倔强,宁愿融化,也不愿在手中停留片刻。就像那流着泪的脸庞,悲伤,却依然倔强。

——题记

花儿的盛开,倔强,才能竞相开放;垂滴的清露,倔强,才能历久弥香;鸟儿的翱翔,倔强,才能遨游天空……而我,只有倔强,才能成长。

悟透了——倔强

从小到大，不知受了多少挫折，尝过多少失败的滋味，可是，何曾有一次倔强地挣扎？

萧萧落叶，已经把黯淡浸染了双眸。那一次，重要的考试失利了。脑海里全是鲜红的叉和老师一句又一句的责备……我的思绪如同那落叶的梧桐，仿佛秋风一吹，就要掉落似的。仰头望望秋日那清澈、深邃，又毫无一丝杂物的天空，无意识间，泪水已经拆成两行划过了脸庞。霍金、鲁迅、邓稼先……这些名人不都是浸透了牺牲的血雨才成为了世上的不朽人物吗？他们不都是尝遍了生活的苦滋味才成才的吗？顿时，我豁然开朗。此时，眼前还剩几点霓虹色的碎影。

倔强中——坚强

那年秋高气爽，爸爸领我去登山。山里的树木青翠欲滴，心中不觉掠过一丝快意。登到最后，我早已汗流浃背。山势越发险峻，"扑通"，我重重地摔了跤，疼痛难忍的我无法爬起来。爸爸准备伸手扶我，不想，我倔强地摆摆手。我忍着疼痛，双手撑地而起。终于，我爬起来了！我拍拍身上的尘土，咬咬牙，昂起头，无论爸爸怎么劝我都执意登上山顶。倔强的我,坚强。

凝视水中,蓦然一惊,云集已凌乱,消融。好像水波陡然起立。倔强,如这般水波,将我的梦想一夜溅绿,让我不停地,不停地,在倔强中,成长。

在庇护中成长

邱渝童

花儿是因为有了大树的庇护才茁壮成长,鸟儿是因为有了巢的庇护才无忧无虑,而我正是因为有了家人的关爱与庇护才成为了一个阳光少年!

"外婆"——"大树"

若说我是花儿,那么外婆便是庇护我的那棵大树,正是因为她的庇护,我才能够茁壮成长。

"摇啊摇,摇啊摇,摇到外婆桥……"小时候,外婆常常把我抱在怀里,念着这首童谣。外婆的手并不光滑,但我总喜欢她用我的手摸着我的额头,讲故事给我听。有一个故事留给我的印象最为深刻:

从前,有一个小孩儿,他总是撒谎,老是捉弄大人。

有一天，她在田间放羊时，大叫："狼来了！"大家信以为真，匆匆忙忙赶过去一看，才知道，原来这不是真的。第二次也同上次一样。后来狼真的来了，小孩儿大喊，可谁都不信，最后小孩儿被狼给吃了。

这个故事虽然简单，但却给了我很大的启发，使我明白要做一个诚信的人。外婆的庇护，使我健康成长。

"家"——"巢"

若说我是鸟儿，那么家便是庇护我的巢，正是因为家的庇护才使我无忧无虑。

家，是一个温馨的字眼。还记得从前，我哭着跑回了家，爸爸妈妈问我："怎么啦？"我边哭边向爸爸妈妈说这次的考试成绩——"79分"，而爸爸妈妈得知了我考试成绩后，并没有责备我，而是用心开导我。

家的庇护，使我面对挫折不灰心丧气，无忧无虑地成长！

因为有了"大树"与"巢"的庇护，我的童年才会无忧无虑！我在庇护中成长！

品味大草原

德吉拉姆

"天苍苍,野茫茫,风吹草低见牛羊。"这是一种何等清新自然、美丽动人的景象啊!在返家的暑期,带着许多怀恋,我走进了这个常在梦中萦绕的境界,走进了这一片满眼绿色、充满泥土芳香的大草原。

鞋子刚一碰那嫩嫩的草茎,就有种舍不得踩下去的感觉。驻足良久,青草那奇妙的气息最终还是引我投入到它的世界。

青草……嫩绿?碧绿?青绿?这些词都无法准确地形容那些草儿的色泽。在阳光下,它们绿得透明,绿得晶莹,绿得惹人怜爱。一阵风吹过,它们都颔首向我表示欢迎,仿佛在说:"来吧,这就是草原,这就是你的家园。"我的心完全敞开了,丢开了那心间小小的烦恼和苦闷,在草原上忘情地转圈,一圈,两圈,三圈……不知转了多少圈，仿佛快要飞了起来。转得有些累了，我就躺在草丛上，望着湛蓝的天空。风儿把小草吹得摇摆不定，像是婴儿的小手抚摸我的脸庞，直搔得我痒痒的。鼻子里嗅着的是野花和小草的香气，芬芳而不失淡雅，我陶醉了，完全融入大自然中，是那么无忧无虑，无拘无束。

羊群的叫声把我惊醒，领羊的牧人来自藏北，而我从小生长在后藏，语言有些不通，但我们用肢体语言弥补，仍然领会了彼此的情感。在交流中，他向我介绍了一片"世外桃源"，并领我前往。

越来越近，从一点儿黄色到一小片黄色，再到满眼的黄色——原来他说的就是油菜花田。我对他说："我们家乡也有油菜花田。"可是家乡的油菜花田同这个"世外桃源"比起来，却显得很小很小。这里的油菜花田是这样的美，这样的迷人。那种香气，是我从来没有闻到过的。拨开它们，走进其中，它们都有齐腰的高度。弯下腰去，感觉那香气越发的浓烈醉人，我再一次无法自拔地陷入美丽的大自然中。

草原的色彩，草原的芳香，草原的美丽，这一切都源于自然，又与我们那么亲近，与我们的生活那么紧密相连。品味草原，品味自然，不就如同品味了生活吗？